谢军
国际象棋教程

谢军 著

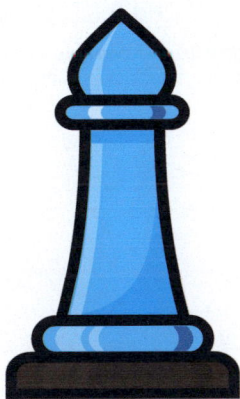

人民邮电出版社

北京

图书在版编目（CIP）数据

谢军国际象棋教程. 从十一级棋士到八级棋士 / 谢
军著. -- 北京 ： 人民邮电出版社，2023.10
ISBN 978-7-115-62279-2

Ⅰ．①谢… Ⅱ．①谢… Ⅲ．①国际象棋－教材 Ⅳ.
①G891.1

中国国家版本馆CIP数据核字(2023)第138235号

免责声明

内 容 提 要

国际象棋是世界上最流行的智力运动项目之一，融汇了人类历史的文明精华，是行之有效的教育工具。孩子学下国际象棋，不仅可以有效开发智力、启迪思维，还能养成胜不骄、败不馁的坚韧品格。

本书是世界国际象棋联合会副主席、中国首位"世界棋后"谢军编写的"谢军国际象棋教程"系列中的第三本，按照十一级棋士至八级棋士的水平要求编写，注重棋艺知识从学会到会用的转变，要求棋手对棋局有自己的理解，对学习的知识进行综合应用，帮助读者在计算力方面避免出现明显的漏算，在战术应用方面，强化攻杀机会的捕捉。通过对本书的学习，读者可以掌握从十一级棋士至八级棋士应具备的国际象棋知识与技术。

◆ 著　　　谢 军

责任编辑　裴 倩

责任印制　马振武

◆ 人民邮电出版社出版发行　　北京市丰台区成寿寺路 11 号

邮编　100164　　电子邮件　315@ptpress.com.cn

网址　https://www.ptpress.com.cn

涿州市般润文化传播有限公司印刷

◆ 开本：700×1000　1/16

印张：7.75　　　　　　　　2023 年 10 月第 1 版

字数：160 千字　　　　　　2025 年 5 月河北第 2 次印刷

定价：49.80 元（附小册子）

读者服务热线：(010)81055296　印装质量热线：(010)81055316

反盗版热线：(010)81055315

前 言

在十一级棋士到八级棋士阶段，棋手需要学会从实战出发，将所学知识应用于比赛对局中，以取得优异成绩来实现晋级目标。在比赛对局中，棋手特别需要善于把握瞬息万变的战机。实战对局不仅很好地考察棋手从书本上学习的知识，更能在真刀实枪地与对手较量的过程中考验棋手的应用能力。

本书配套的练习册习题并非按每课学习内容进行设置，而是结合学习内容和训练计划，分为一步杀（计时）、两步杀和战术，同时还包括不限定步数的进攻计算力练习。十一级棋士到八级棋士的棋手可能会感觉与过去的学习体验不同，例如一步杀练习中，本书特别选取了轻子象与马将杀的题目，但在实战对局中，可能需要连续实施一个或多个棋子的攻击行动。总体而言，本书的题目难度在棋手的实际水平基础上略有提高，并加入计时要求，以帮助棋手逐步过渡到实战情境中，形成思考习惯。

在十一级棋士到八级棋士阶段，棋手要注重棋艺知识的转变，从学会进阶到能够熟练运用，对棋局有自己的理解，特别在计算力方面要学会避免明显的漏算，而在战术应用方面，要加强捕捉攻杀机会的能力。

目 录

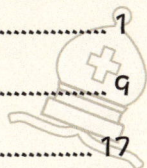

第 1 课

兵残局（一）
——王与兵的数量及位置

学习目标

1 掌握分析评价兵残局的基本知识和技巧

2 掌握判断王的位置是否积极主动的关键要素

知识讲解

兵残局也被称为王兵残局，指的是棋盘上只有王和兵的残局类型，双方战斗的焦点在于兵能否升变。兵残局当中棋子的数量和子力的位置非常重要，因为这一阶段双方棋子所剩无几，所以正常情况下兵力数量占上风的一方优势明显。在兵残局当中，兵的数量、王和兵的位置对棋局发展具有重要影响，特别是防守方王的位置，积极的位置与消极的位置有本质上的差异。

王单兵对单王赢棋的要点

王单兵对单王的残局中，处于劣势的防守方需要用王占住兵的前方，达到挡住优势方的兵前进升变的目的。不过，并非防守方的王走到进攻一方兵的前进道路上就能阻挡小兵升变从而谋得和棋，更重要的因素在于进攻方的王是否能够协助小兵前进。进攻的一方（多兵方）要想取胜，应该牢牢把握以下几个要点。

要点1：在挺进兵之前，尽量调动己方的王走到兵的前方

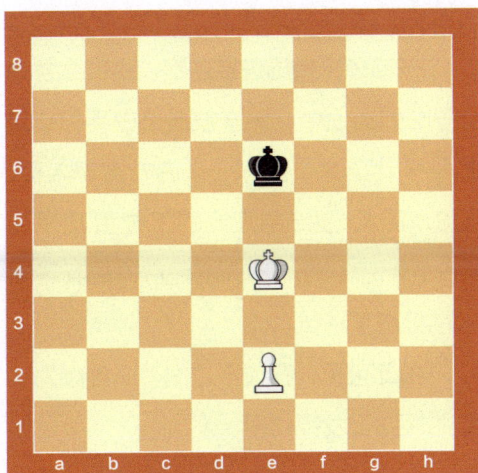

图1

图1的局面中，白方的王在兵的前方，虽然黑方的王也在白兵前进的道路上，但是由于白方的王可以协助小兵前进，最后会迫使黑方的王离开该区域，因此白方的兵最终能够实现升变。

1.e3（图2）

图2

双方的王在同一条直线上近距离相对，此时无论哪一方走棋，都会打破阻止对方王前进的格局。

1...王d6 2.王f5 王d5 3.e4+（图3）

图3

白王在兵的一侧起到重要的保护作用，白兵的挺进不会影响白王继续完成支持兵前进的使命。

3... 王d6 4. 王f6（图4）

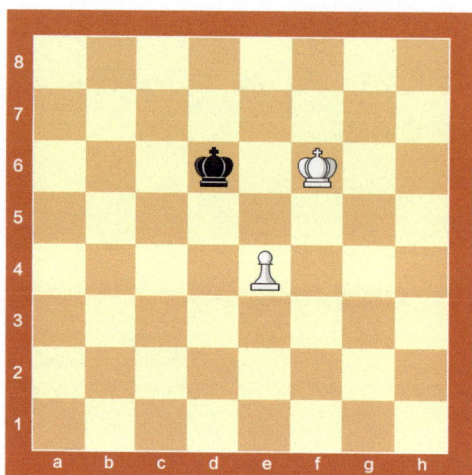

图4

白方的王仍然占据着可以支持兵前行的理想位置，白兵可以继续行动，并且可以预见到白兵后续的挺进。

4... 王d7 5.e5 王e8 6. 王e6 王d8 7. 王f7 王d7（图5）

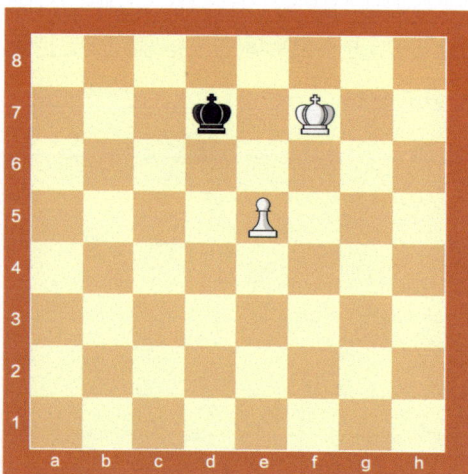

图5

8.e6+ 王d8 9.e7+ 王d7 10.e8后+

白方的兵完成升变。

仔细分析棋局进展过程，我们会发现在图2的局面中，黑方被迫把白兵正前方的格子让出来，这样一来白方实现入侵；图3、图4、图5中双方的王位置几乎是图2的翻版，唯一不同的是白方的兵不断向前挺进了一步。

由此可见，在攻守之间有一种颇为神秘的规则在发挥作用。

♛ 要点2：对王

对王是指双方的王间隔一格在同一条直线上相对，图2的局面是对王，图3~图5中双王在侧翼相隔一格，所以也是对王。在对王技巧应用方面，谁先走谁不利，因为这一方要打破双方王彼此控制的状态，从而让另一方的王找到入侵线路。

图2中轮到黑方走棋，黑王必须闪开，于是白方的王则从另一侧入侵。但是，如果图2的局面轮到白方走棋，我们发现白方的王摆脱不了黑方的主动对王。这样，白方的王也就实现不了入侵，结果将是和棋。

如果进攻方的王在兵的后面，防守方的王顶在兵的前面，结果将是和棋（图6）。

图6的局面中，多兵方的王没有在兵

的前方，弱势方的王封锁着兵前进的道路，此时优势方的王无法支持兵升变，因此不管哪一方先走，结果均是和棋。

图6

🏆 要点3：第6横线占位

若进攻方将王走到兵前方的第6横线上，能够确保胜利（图7）。

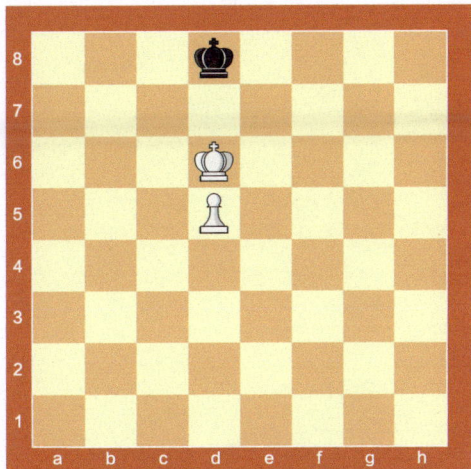

图7

图7的局面中，无论轮到哪一方走棋，白方均能取胜。

1.王d6!（图8）

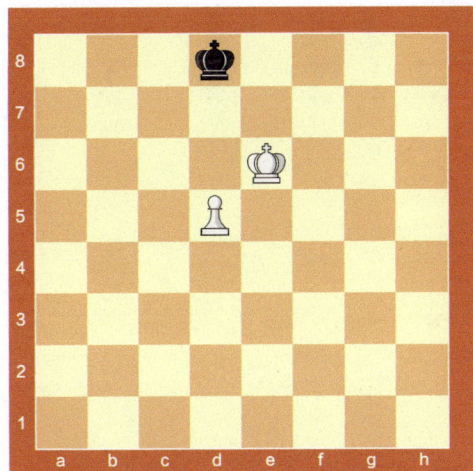

图8

一定要采取对王技巧！如果1.d6 王e8 2.d7+王d8，白方不想丢掉d7兵只能采取3.王d6的走法，形成逼和局面。

1...王c8 2.王e7（图9）

白方的王抢占关键位置，黑方的王无法完成阻挡白兵的防守任务了。

图9

2...王c7（图10）

图10

看，图10的情况与图5如出一辙，唯一不同之处就是白兵所在的线路。此时，白方可以放心向前冲兵了，白兵将顺利升变。

要点4：兵数量与多兵方取胜概率

通常在王兵残局当中，双方兵的数量越多，多兵方获胜的概率就越大。

为什么会出现这种情况呢？其中的道理显而易见——王单兵对单王，决定胜负的主要因素在于王的位置；而在多兵的王兵残局中，一方多出来的兵不仅能带来升变的机会，还能起到牵制和配合其他兵协同作战的作用，这时多兵的优势就体现得更加充分。

当然，有一种情况是例外，那就是兵形完全封闭的情况。当优势方的王找不到入侵的线路时，多兵就难以发挥出实质性的作用。

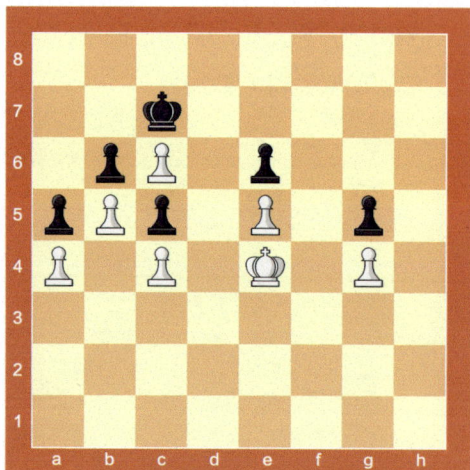

图11

图11中，白方多一个兵，而且这个兵是看起来非常厉害的c6兵。但是，由于双方的兵形相互封锁，白王不能进入对方阵营中，黑王只要看守好白方c6兵就可以顺利守和。

课后作业

1　复习本课内容，加强对兵形、王的位置的认识了解。

2　通过对兵残局局势判断的练习加强对兵何时可以升变的理解。

3　按照训练计划完成本书的习题。

 冠军课堂

兵残局的合理分析判断是棋手的基本功，通过对双方棋子数量、位置的分析和评价，合理规划设计行动策略。在兵残局当中要加强对棋子数量和质量的概念的理解，例如在正常兵形和王的位置情况下，兵的数量往往是决定性条件。但是当一方的兵形比较特殊，或王的位置非常消极（或积极）的情况下，王的位置就可能取代棋子数量成为决定棋局发展的关键因素。

第 2 课

兵残局（二）
——方形区

学习目标

1 掌握方形区理论知识和应用技巧
2 能够通过方形区理论知识做出快速判断

知识讲解

　　方形区理论也被称作正方形法则，用于判断王是否可以进入防守兵升变的区域。方形区的设定与兵的位置直接相关，不同位置的兵，方形区的区域范围不同。正确划定方形区，快速判断王能否及时进入方形区发挥防守作用是棋手在残局中必须要掌握的基本功，方形区知识在临场实战当中发挥着重要的作用。

要点1：兵升变不需要 己方王参战

　　兵升变过程中，如果优势方的王不能直接在兵升变的区域内参战，那么衡量这个兵能否升变的重要因素就是防守方王的位置，也就是防守方的王能否及时赶到阻止兵升变的位置。"方形区"理论（也被称为"正方形法则"）可以快速帮助棋手判断防守方王能否及时赶到胜任防守任务的位置。

　　图1的局面中，如果轮到白方行棋，因

图1

为黑王不在白方兵升变的方形区中，黑王

追不上白方兵前行升变的速度，因此白兵可以升变获胜。

1.g5 王c5 2.g6 王d6 3. g7 王e7（图2）

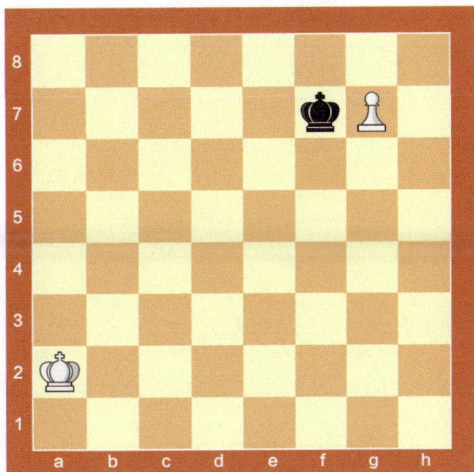

图2

黑方的王并没有及时赶到。

4. g8后

白方的兵顺利升变。

图1的局面中如果轮到黑方行棋，黑方王便可以追上白方兵前进升变的脚步，阻止白兵升变并消灭白兵，结果将是和棋。

1...王c5 2.g5 王d6 3.g6 王e7
4.g7 王f7（图3）

图3

5.g8后+王×g8

形成定式和棋。

♛ 要点2：如何判断能否 进入"方形区"

迅速判断防守方的王能否来得及追上进攻方的兵前进升变的脚步，最关键的一点就是防守方的王是否能够处于"方形区"当中。

如何确定"方形区"？可以把兵所在的格子到它的升变格这一段线段作为正方形的一条边，在棋盘上设想出一个正方形。也可以沿着兵所在格子的斜线向前到底线，以这条线段作为方形区的对角线勾勒出正方形（图4）。

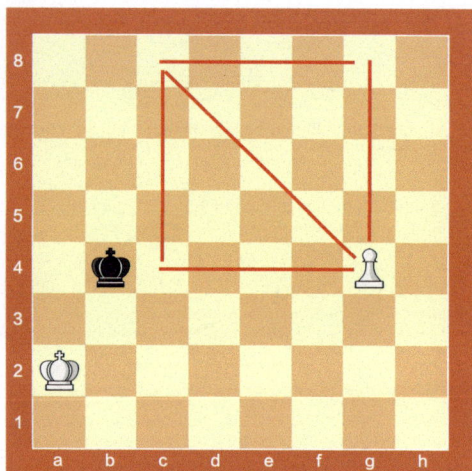

图4

图5

例如图4中，如果黑王在这个正方形中，就能追上兵，反之就追不上。根据正方形法则便可以轻松解释图1的局面中为何当黑方先走时，黑方可以成功守和；而白方先走时，黑方就不能达到守和目的。关键就在于黑王是否可以顺利进入"方形区"！

♛ 要点3：原始位置兵的"方形区"

图5的局面中，我们如果用常规的方法测定方形区，那么就会得出黑王已经进入该区域的结论。但是不要忘记，原始位置的兵第一步棋可以走两格，因此正方形的边长要减少一格（不包括兵所在的格子）。因此，在图5的局面中，如果白方先走，棋局发展将会是：

1.g4 王b4 2.g5 王c5 3.g6 王d6 4.g7 王e7 5.g8后

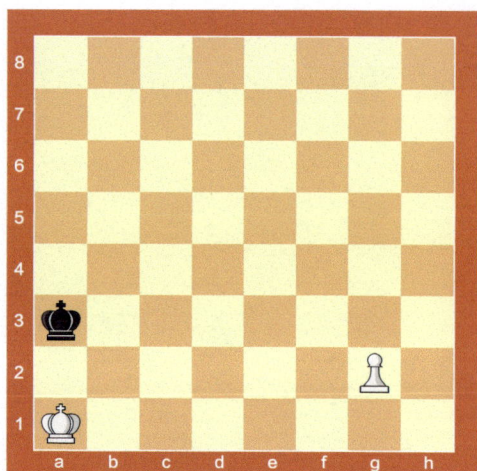

白方的兵顺利升变。如果黑方先走，棋局发展将会是：

1...王b4 2.g4 王c5 3.g5 王d6 4.g6 王e7 5.g7 王f7

黑方的王成功阻止白兵升变，下一步将会消灭白兵，和棋。

图6

由此可以看到，图5中白方兵在g2，

方形区是图6中勾勒出的区域，黑王不在"方形区"范围内。

再次提醒，对于处在原始位置的兵，设定方形区时要从前一格算起，不要从兵所在的位置算起。

要点4：残局知识的掌握与判断

方形区理论非常实用，可以帮助棋手快速判断防守方王是否在有效区域，避免花费过多时间进行计算。需要注意的是，在防守方的王回防线路上可能会出现"障碍"（例如有些格子当中有棋子或在对方的棋子控制范围中），这些因素都需要棋手在计算过程中考虑到。通常，我们在学习知识技巧时面对的是一个静态的局面，而在实战中各种局面都有可能发生，需要棋手在扎实掌握基础概念和技巧的前提下，根

据临场需要进行合理运用。

另外需要说明的是，前面提到的例子当中优势方的王没有起到配合作用，而实战当中由于王的位置差异，其对全局发展也会产生重要的影响。

接下来的几个练习可以帮助大家巩固方形区理论的知识掌握和应用。

问题： 图7的局面中轮到白方走是什么结果？轮到黑方走是什么结果？

（**答案：** 白方先走，黑王赶不到防守的方形区内；黑方先走，黑王顺利赶到。）

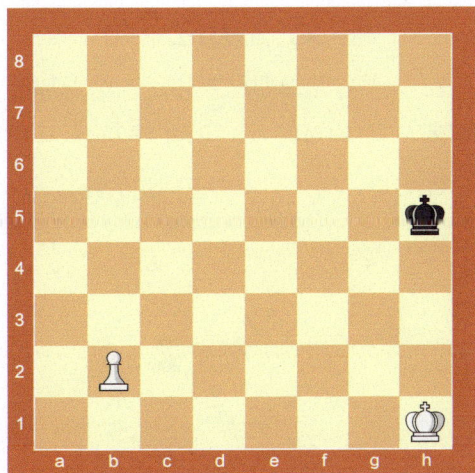
图8

问题： 图8的局面中轮到白方走是什么结果？轮到黑方走是什么结果？

（**答案：** 白方先走，黑王赶不到防守的方形区内；黑方先走，黑王顺利赶到。）

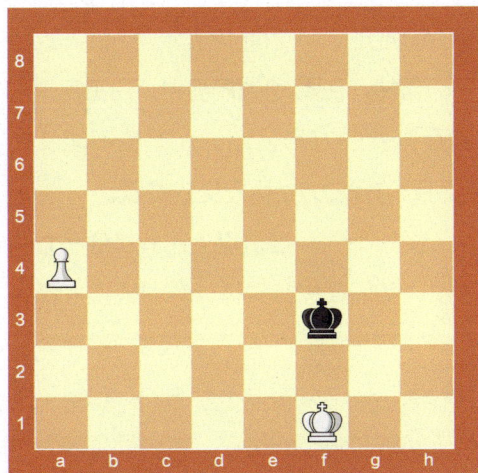
图7

13

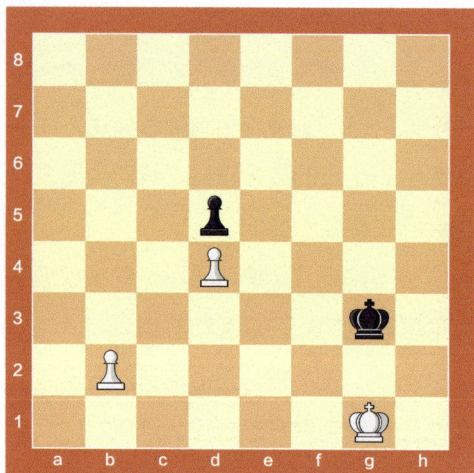

图9

问题: 图9的局面中轮到白方走是什么结果? 轮到黑方走是什么结果?

(**答案:** 无论哪一方先走,黑王都赶不到防守的方形区内。因为白方的d4兵控制着e5格,阻止了黑方王回防的路线。)

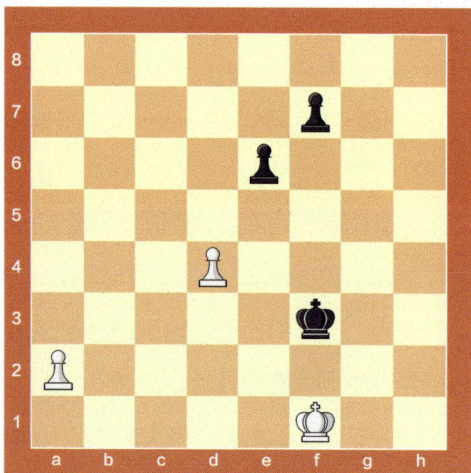

图10

问题: 图10的局面中轮到白方走是什么结果? 轮到黑方走是什么结果?

[**答案:** 黑方先走,黑王不仅能顺利赶回方形区,甚至还可以顺带着消灭白方的兵,取得棋局的胜利。如果白方先走,黑王赶不到防守的方形区内。因为白方有一步好棋1.d5!(图11)。]

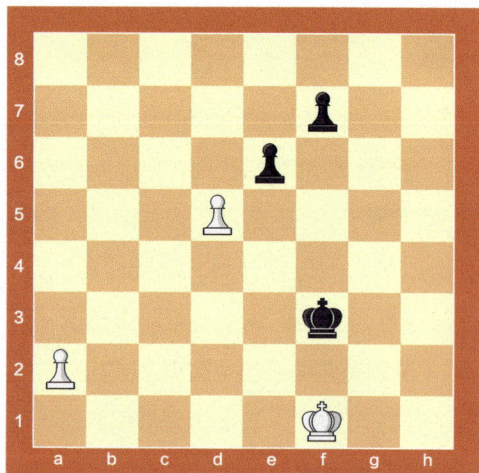

图11

弃兵! 白方在黑王回防线路上制造障碍。黑棋被迫走1...e×d5之后,由于黑兵在d5挡住了黑方王赶回方形区的路线,随后白方走2.a4(图12)。

显然,在图12的局面中,白王在黑方d5兵升变的方形区内,而黑王不能及时赶回到防守白方a兵升变的位置。

特别提示: 当棋盘上还有其他子力的时候,我们在进行具体计算时还要考虑到那些"多余的兵"是否也在发挥着作用。有时候就是这些看似不起眼的兵控制了某些王回防时必经的格子,有时候是因为自己的兵扮演了绊脚石的角色,挡住了己方王回防的路线。

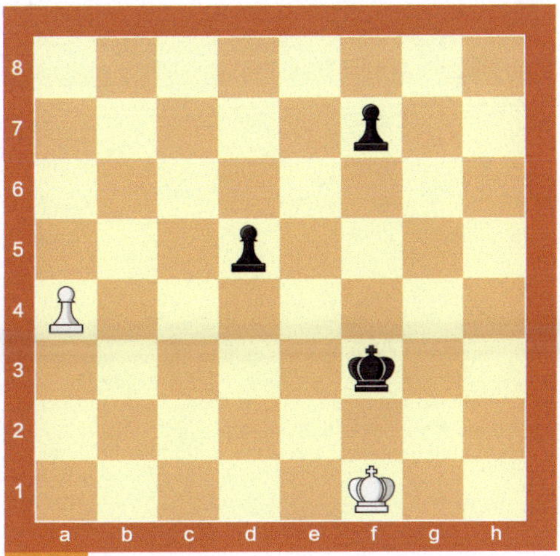

图12

课后作业

1 复习本课内容，增强对例题中的攻击目标和攻击手段的认识。

2 找一找自己的对局中是否有能够升变小兵，对方的王无法追上小兵防守的时刻。

3 按照训练计划完成本书的习题。

冠军课堂

　　方形区理论应用时要注意位于原始位置兵与其他位置兵的区别，因为原始位置的兵可以一步棋走两格，因此方形区的边长要比其他位置少一格（不包括兵所在的格子）。此外，在方形区理论应用的过程中，还需要注意王的行进路线上是否存在其他棋子，这些棋子有可能成为影响王活动速度的"障碍物"。

第 3 课

兵残局（三）
——关键格

知识讲解

　　王的位置是王兵残局中兵能否实现升变的关键要素，优势方的王能够占据支持兵升变的关键位置，就能对兵升变起到有力的支撑作用；反之，防守方便能够成功阻止兵实现升变。关键格指的是多兵一方的王如果能占领兵前方隔一行的三个格子，就能保证支持兵升变，兵在第六线时，优势方的王在兵前面一行就可以（边兵除外）。关键格的判定与兵所在的位置直接相关，在抢占关键格的过程中，轮到哪一方走棋（行棋权）将对棋局形势的发展产生非常重要的影响。

要点1：支撑兵升变的关键位置

　　首先，我们用一个最直观的例子来分析双方的王处于不同位置对于兵挺进所产生的影响。

　　图1局面中的白王位于d7格，在此它不仅能及时发挥保护兵的作用，还能有效地控制c8升变格。由此可以确认，黑方的王已经无法阻止白兵向前挺进，从c6、

c7到c8实现升变的目标。白方胜势。

　　如果白方的王位置向后撤一个格子，情况会怎么样呢？

　　图2中白方的王在d6格，显然它已经失去了对c8格的控制，接下来的棋局发展需要走得很精确，才能保证白王在兵升变过程中发挥应有的作用。

图1

图3

图2

图4

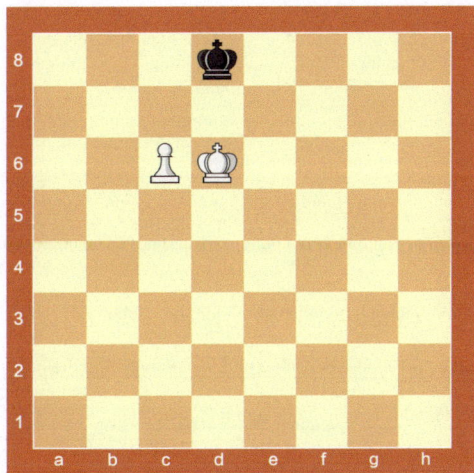

1...王c8 2.王c6!（图3）

精确！唯有采取主动对王的方法，才能确保白王占住能够支撑兵升变的关键格。

在2.c6 王d8（图4）的变化中，黑方掌握了对王的主动权，白方的王将难以获得入侵的机会。

图4的局面中白王难以继续入侵黑方阵营，3.c7+王c8之后，如果白方走4.王c6则形成逼和局面；如果把王走到其他位置，c7兵将被黑方消灭。

从上面演示的变化中，我们可以深刻地理解白方形成主动对王的重要性，双方王的位置决定了棋局的发展走势。

2...王d8

如果黑方走2...王b8，白方应以3.王d7，棋局会形成图1的局面。

3.王b7（图5）

图5

将图5与图1进行比较，我们可以发现，白方王不管在b7还是在d7都能够发挥保护白兵挺进升变线路的作用，可谓异曲同工。

♛ 要点2：抢占关键格的技巧

图4的局面中，如果白方不继续挺兵至c7，而是选择退王到c5的走法，将会考验黑方抢占关键格的能力。

图6的局面中，白方王在兵的后面，而黑方王占住兵前面的格子，可以起到阻止兵

前进的作用。在应对正确的基础上，图6的局面中黑方的王能够完成坚守阵地的重任。

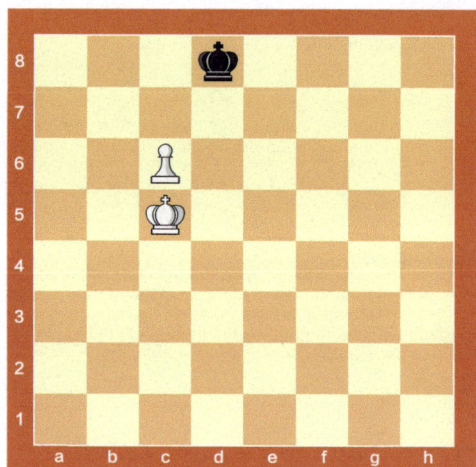

图6

轮到黑方走棋，在接下来的棋局较量中，黑方要小心谨慎地把握主动对王的技巧，这样才能坚守住防御阵地。

1...王c7 2.王d5（图7）

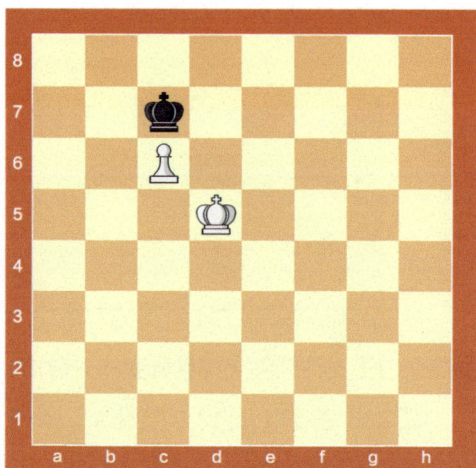

图7

图7的局面中轮到黑方走棋，黑王必须后退一步，但是b8、c8和d8三个格子，哪一个位置最好呢？弄清楚主动对王的道理，黑方下一步的正确走法就很容易确定。

2...王c8!（图8）

这里是黑王唯一可以实现主动对王的位置，因为白王无法运用c6格。

图9

图8

3. 王d6 王d8!（图9）

形成主动对王！这样的情况下，白方或者选择挺兵到c7，或者只好再次退王进行尝试，在以上变化中白王均不能实现保护兵挺进升变的目标。

👑 要点3：争夺关键格

通过前面例子的演示，我们能够感受到兵能否升变与双方的王争夺占领关键格关系密切。当我们把兵的位置设定为其他位置的时候，抢占关键格的知识和技巧的道理相同。

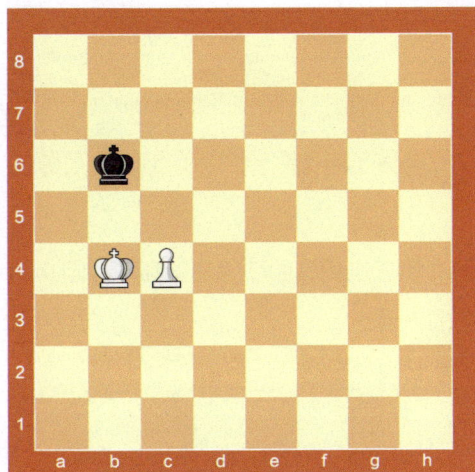

图10

图10中轮到黑方走棋。此时黑王有5个格子可以走。排除a6和a7格，其远离白兵升变战场，黑王还有b7、c7和c6三个位置可以走。继续分析，不难发现黑王假如选择退到7线，白方王就可进而采取主动对王的方式相应地走到b5或c5，这样白王一下子就走到关键格当中，在后面的战斗中保护兵升变。因此，图10的局面中黑方只有阻止白方走成主动对王的局面，才能成功争夺关键格。

1... 王c6!（图11）

图11

黑王走到其他任何位置都不能阻止白王的入侵。

2.c5 王b7 3. 王b5 王c7

黑方保持耐心继续与白王周旋。

4.c6 王c8!（图12）

图12

这是非常关键的一步棋，唯有如此，才能保证实现主动对王的目标。

5. 王b6 王b8（图13）

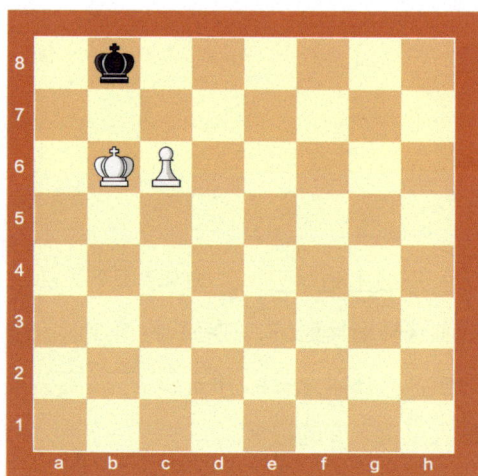

图13

黑方达成主动对王的目标，白方的王

和兵难以继续挺进，白兵无法升变。黑王防守成功，棋局将以和棋结束。

课后作业

1　复习本课内容，增强对关键格的认识和了解。

2　通过学习和练习，区分兵在不同线路当中的关键格。

3　按照训练计划完成本书的习题。

冠军课堂

　　在残局当中，优势方需要王的帮助才能实现兵升变的目标，而王能否有效地参与战斗，决定因素在于其是否能占据兵升变的关键格。优势方的王如果能够顺利走到关键格的位置当中，则可以将棋局引向胜利，否则防守方将成功阻止它的升变计划。关键格的知识涉及的王和兵位置的情况较为复杂，不能依靠死记硬背来学习，要想达到熟练掌握的程度，需要棋手反复琢磨，细心体会。

第4课

兵残局（四）
——技术综合应用

学习目标

1 学会综合应用王兵残局的技术

2 体会不同技术的应用场景和特点

知识讲解

　　王单兵残局当中的对王技术是争夺关键格的重要技术保证，对王的情况大多发生在优势方的王还没有占据关键格时，优势方通过对王技术逼迫对方的王让出通道，从而保证己方的王从容占领关键格，支持兵升变。残局的知识和技巧不是单独存在的，而需要进行综合应用——力争形成主动对王局面，迫使对方的王让开关键位置，以达到己方王成功抢占关键格的目的，最终实现支持兵升变的目标。

♕ 要点1：对王技术

　　直线对王：优势方的王处于兵前面一排的位置时，争取在对王的时候轮到对方走棋。因为兵是直行前进的，所以通常主动对王指的是直线方向（纵向）的对王。

　　将棋盘划分为两个部分（图1），右半部分是直线对王的状态，左半部分是在横线上对王的状态。

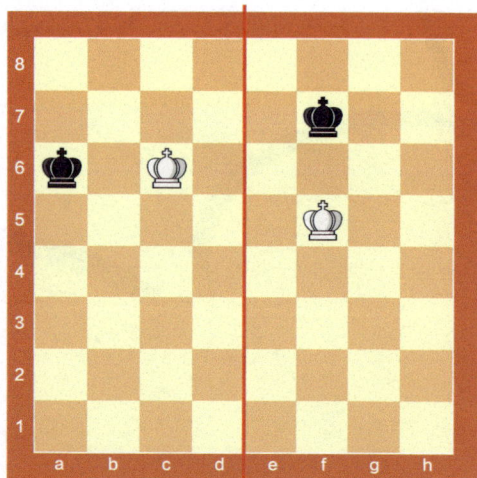

图1

要点2：转让行棋权原则

对王的意义还在于，形成对王局面的时候需要轮到对方走棋，这也意味着要主动对王，才能使在对王局面形成时轮到对方走棋（让出行棋权），获得争夺关键格的主动权。

图2

图2的局面中，如果轮到白方走棋，那么黑方的王则可以采取紧紧跟随的下法，一直挡在白王的前方，防止白王的入侵计划得逞。

1.王e4 王e6 2.王c4 王c6

白方难以有效推进行动计划。

如果白方采取1.王c4 王c6 2.d4 王d6 3.d5 王d7 4.王c5 王c7（图3）的下法，黑方的王成功坚守住白兵的关键格。

图3

图3的局面中，黑方的王得以牢牢守住白兵挺进升变的阵地，防守成功。

图2的局面中假如轮到黑方走棋，那么黑王就只好让出防守要道，让白王顺利实现占领关键格的目标。

1...王c6 2.王e5（图4）

图4

白方的王顺利抢占关键格。

图2的局面中，假如黑方的王向另外一侧行动，棋局发展将会如下所示。

1...王e6 2.王c5（图5）

图5

白方成功占领关键格。

这就意味着，无论黑方把王走到哪一侧，进攻方的王都可以从另一侧入侵。

要点3：第6线原则

当多兵一方的王成功走到兵前方的第6横线上时，无论轮到哪一方走棋，多兵方均能成功抢夺到关键格，支持兵升变（边兵除外）。

图6局面，白王位于兵前方的第6横线上，此时无论轮到哪一方先走，白方均能取胜。

图6

**1.王c6 王c8 2.d6 王d8
3.d7 王e7 4.王c7**

下一步白方兵可以安全升变，白方获得胜势。

如果图6的局面轮到黑方走棋，那么白方的任务则更容易实现。

1...王e8 2.王c7（图7）

图7

黑方的王如果向另一侧走动，情况将会如下所示。

1...王c8 2.王e7（图8）

图8

图7和图8中，白方王均占住了支持兵升变最为关键的格子。在对王和抢占关键格技术的实际应用过程中，多兵方最终要实现的目标就是确保己方的王能够驻扎在要害位置，确保己方的兵升变。而作为防守方，需要实现的目标就是让自己的王坚守在兵前方升变的阵地当中，阻挠优势方的王成功抢占关键格。

♟ 要点4：综合应用

掌握王兵残局的基础知识是棋手在局面变化中做出正确决策的保证。下面我们看一个经典的棋局——第三位世界冠军卡帕布兰卡与第二位世界冠军拉斯克的对局

（图9）。执白棋的卡帕布兰卡熟练掌握了对王和抢占关键格的技术，赢得胜利的过程充分显示出了棋王高超的棋艺。

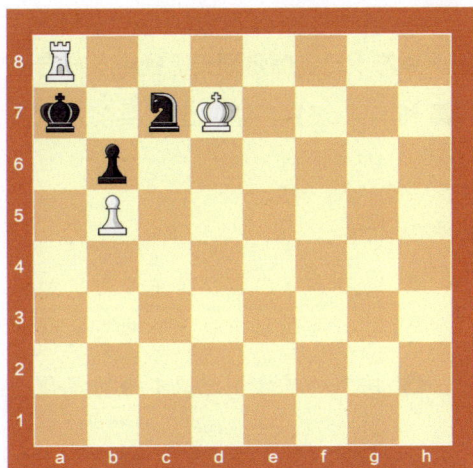

图9

现在白方应该怎么走呢？看似自然的1.王c6保护b5兵的走法将会遭遇黑方1...马×b5，最终将是和棋结果。

1.车×a8+!（图10）

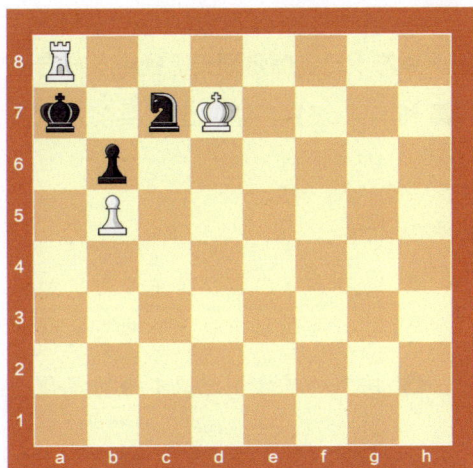

图10

干净利落的决定！局面将简化成王单兵对单王的残局，并且白方的王能够确保占领兵前方的第6横线位置，所有的要素都为白方兵升变提供了坚强的保障。

1... 王 × a8

如果黑方走1...马×a8，则2. 王c8 马c7 3. 王×c7（图11）。

图11

黑方下一步棋必须走王到a8，白方可以顺利消灭b6兵，达到王在兵前方且占

据第6横线的要求，确保能够在后面的战斗中成功抢占关键格取得胜势。

图10的局面中，如果黑方走1...王b7，白方将应以2.车a7+！王×a7 3. 王×c7，局面与图11相同。

面对黑方1...王×a8，白方可以采取2. 王×c7 王a7 3. 王c6!（图12）。

图12

黑方除了放弃b6兵没有其他选择，接下来是：3...王a8（b8）4. 王×b6。

白方成功实现预期目标。

课后作业

1 复习本课内容，将主动对王和被动对王的差别牢记于心。

2 学习综合应用对王与抢占关键格的知识技巧。

3 按照训练计划完成本书的习题。

冠军课堂

对王是抢夺入侵道路的重要手段，形成对王的局面时轮到对方走棋非常重要，这样就迫使对手的王走到通道的一侧，使己方的王从另一侧入侵。学会形成主动对王的局面，避免被动对王情况的发生，以免出现自己的王给对手王让路的情况。将对王技术与抢占关键格的技巧进行综合应用，为兵升变保驾护航。

兵残局（五）
——不同线路的兵（边兵）

1 了解边兵与其他线路兵的区别

2 掌握边兵残局中与王的位置有关的重要知识和技巧

知识讲解

　　车前兵（a线、h线）又称作边兵，在王单兵对单王的残局中，如果一方多出来的兵是边兵，那么往往劣势一方防守成功的概率将大大增加。因为，在王单兵（边兵）对王的残局当中，少兵方的王能够通过回防到兵前进线路的位置，或者把多兵方的王关在升变线路中来达到阻止兵升变的目的。其中的道理也很容易理解——棋盘的边界限制了王的活动空间，所以在边兵情况下容易出现无子可动逼和。

要点1：车前兵（边兵）的关键格

　　在边兵残局当中，攻守双方王的位置特别重要，只要弱势方王能够占住兵的升变格，优势方就没有办法将其赶出去。

　　图1的局面中，如果白方多出来的兵不是边兵而是其他线路上的兵，那么白方的王只需要向前走到b6或a6，便可以确定占据了支持兵升变的关键格。但是，当这个兵是边兵的时候，情况便大为不同。

图1

1.王b6 王c8（图2）

图2

黑方的王及时赶到可以担负防守重任的位置。现在，如果白方走2.a5挺兵，黑方将应以2...王b8（图3）。

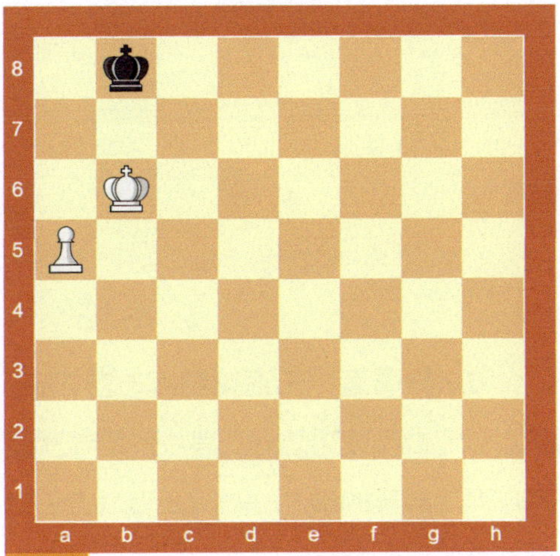

图3

黑方的王直奔a8格而去，白方奈何不得。

3.a6 王a8 4.a7

逼和情况发生。

在图2的局面中，如果白方走2.王a7用王去占领兵升变路线中的格子，黑方则可以应以2...王c7（图4），将白方的王封锁在边线。

图4

如此一来，白方只有选择3.a5 王c8 4.a6 王c7 5.王a8 王c6 6.a7 王c7（图5），白方的王被逼在角落中，形成逼和局面。

图4的局面中，如果白方将自己的王从边线位置退出来，采取3.a5 王c8 4.王b6 王b8（图6），显然，图6的局面与图3完全相同，黑方的王能够将自己"躲藏"在棋盘角落中，确保能够阻止白方的兵升变。

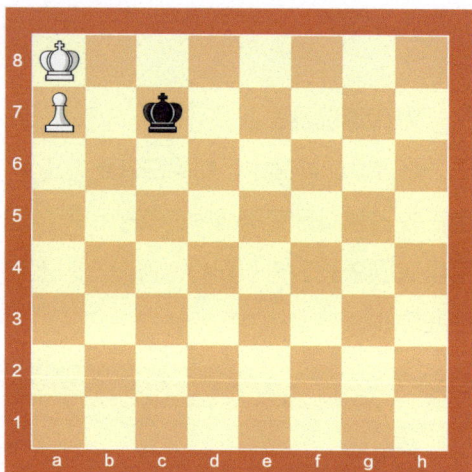

图5

图6

这样的策略只有在多兵是边兵的情况下才能使用。特别是第二种情况，少兵方的王只要能够占住象线的第7或第8横线（即c7或c8，如果车前兵是h兵，相应的位置则是f7或f8），便能够防守成功。

边兵和棋方法不仅适用于防守方少一个兵的情况，少两个甚至三个车线兵（在边线上的叠兵或三叠兵）的时候同样适用。记住，在边兵情况下，少兵方的王只要能够回到兵升变的格子，或者占住象线的第7或第8线格子，均可以实现成功防守。

图7

要点2：边线多兵的数量问题

从前面的例子中我们可以看到，边线兵防守策略主要有两种，一种是少兵方的王走到兵升变前方的格子里，另一种是把多兵方的王封锁在兵前方的格子里。注意，

图7的局面中无论轮到哪一方先走，黑方都能进行成功防守。其中的道理就是黑方满足防守的条件——黑王可以占住白兵升变的棋盘角格，或者把白方王封锁在棋盘边线，使逼和的情况很容易发生。

要点3：学会制造边兵

一些残局看起来很危险，如果按部就班地处理，难以获得满意的结果。不过，如果棋手具有扎实的残局基础知识，能够熟练掌握不同兵形的结构特点，就可以抓住稍纵即逝的机会，将棋局引入对己方有利的发展方向中。

图8

图8中轮到黑方走棋，如果黑方只想着如何把自己的王赶回到白兵升变前方的格子中，就很难与白方争夺决定小兵是否可以升变的关键格。例如，在1...王d6 2.王b4 王c6 3.王×a4（图9）的局面中，白方的王占据了支持b兵挺进升变的关键格。

白方胜利在望。

图8的局面中，黑方当然不甘心a兵就这样白白被消灭掉。反击的机会就是将白兵所在的线路进行改变，黑方采取弃

兵的下法，运用边线兵守和的技巧摆脱困境。

图9

1...a3!!（图10）

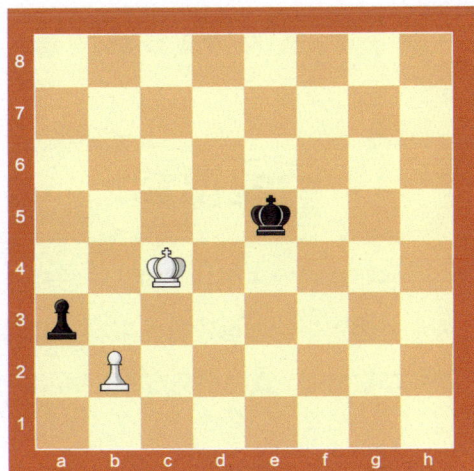

图10

黑方弃兵，目的在于令白方的兵改变线路，使其成为边兵。

2.b×a3

白方只能接受黑方的弃兵，这样一来，白方的兵就变成了边线兵，黑方防守成功的概率大大提升。

2...王d6 3.王b5 王c7（图11）

黑王顺利赶到关键位置，在这里对付白方多出来的a兵，可以确保防守成功。

图11

课后作业

1 复习本课内容，认识边兵与其他线路兵的不同。

2 说一说，在王单兵对王的残局中，边兵的关键格为什么与其他线路兵的关键格不同。

3 按照训练计划完成本书的习题。

冠军课堂

在王单兵对王的残局中，一方多出来的兵是边兵时会增大和棋的概率，其中主要的原因是受到棋盘边界的限制，容易出现逼和的情况。边兵是否能够升变的判断依据非常清晰，就看弱势方的王是否能够及时回防。

第6课

兵残局（六）
——不同线路的兵（b、g线的兵）

学习目标

1 了解b、g线兵的特点

2 学会正确占领关键格，避开b、g线兵存在的逼和陷阱

知识讲解

b、g线兵不是边兵，但是与其他线路的兵也不完全一样，在学习和掌握相关知识时需要给予特别的关注。

为什么b、g线的兵会有些特殊呢？原因就在于棋盘边线是棋局战场最外侧的线路，而紧邻边线的b、g线兵在升变的过程中需要考虑棋盘边线可能带来的逼和因素。注意，要尽量让己方的王沿着边线向棋盘中心入侵，这样就可以把靠近棋盘中心方向的线路留给弱势方的王，避免逼和情况的发生。

♛ 要点1：邻近边线的特点

在关键格知识的学习过程中，我们已经了解到除了边兵的情况，当优势方把王走到己方兵前方第6横线的位置，就能保证将对方的王从相应的防守位置中驱逐开。不过，当兵处于b、g线的时候，有一些特殊的情况需要加以注意。

图1的局面中，白方的王确保能够走到兵前方第6横线的位置，那么白方是不是随便走走就可以取胜了呢？

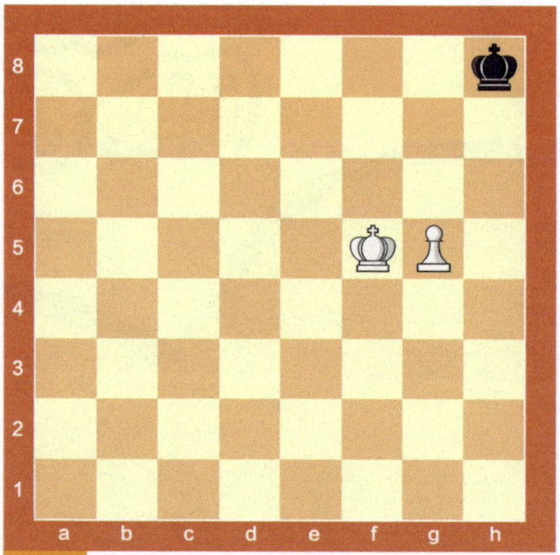

图1

1.王g6 王g8（图2）

图2

当兵处于c、d、e、f线的时候，此时白方的王走向左侧或右侧的格子都可以，但是在b、g线的时候，白方的王下一步走到哪里却很有讲究。

2.王f6？ 王h7！（图3）

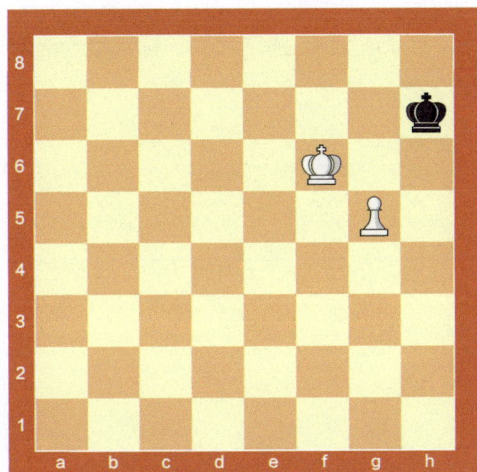

图3

黑方走出最顽强的应对着法，如果2...王h8，白方可以应以3.王f7，接下来挺进g兵一路畅通。

3.王f7！（图4）

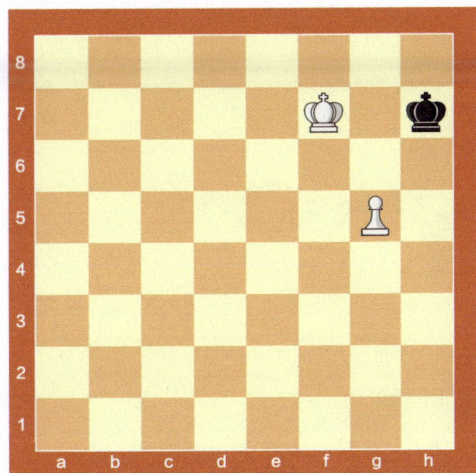

图4

白方正在弥补刚才王走到f6的错误，调整王的位置，努力通过棋子的走动重新将王走到正确的位置。显然白方不能3.g6+？？，将遭遇黑方3...王h8！（图5）的走法。

黑方将王龟缩到棋盘的角格，有效利用了棋盘边线的限制作用，为白方设计好了逼和。如果黑方走3...王g8不好，因为白方可以采取4.g7的走法将黑王从安全的碉堡中赶出来。随后当黑方走4...王h7时将遭遇白方5.王f7，黑方无法制造逼和。黑方3...王h8走法借助棋盘边界线没有更多的位置可走，利用白方冒失冲兵的错误获得和棋机会。

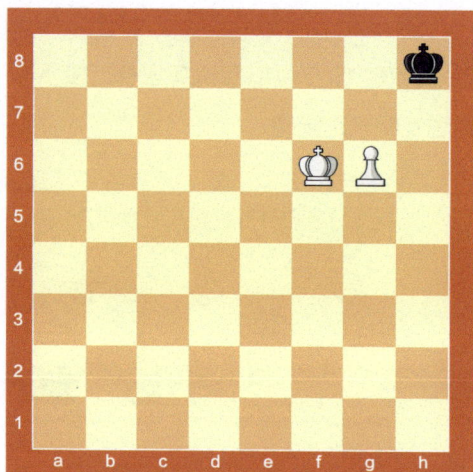

图5

图5的局面中，白方已经没有更多的空间与黑方周旋，如果5.王f7直接逼和，接下来的变化是：

4.g7+王g8（图6）

图6

白方只能在丢兵或逼和之间进行选择，黑方防守成功。

这里需要特别提醒的是，在残局中的一些特定局面需要运用特定的防守理论和运子技巧。在实战过程中，棋手千万不能因为学习掌握了一些典型局面的处理方法便在对局过程中产生麻痹大意的思想。残局切忌马虎大意，在细节之处掉以轻心，很多看似差不多的局面，可能因为子力的细微差别产生截然不同的结果。

👑 要点2：及时纠正错误

图3的局面中白方挺兵g6的错误把胜利机会拱手送人。有没有办法能够将棋子的位置进行重新调整呢？这就需要棋手及时发现问题，解决问题。

在图3的局面中，白方将王走到f6没有获得理想的效果，那么就赶紧及时予以纠正。代替白方3.g6的走法是3.王f7!，形成图4的局面，白方的目的就在于重新调整自己王的位置！

白方把王走到f7之后，黑方唯一应对走法是：

3...王h8

黑方的王龟缩在棋盘角落，此时白方必须及时调整王的位置。

4.王g6! 王g8

棋局兜兜转转又重新回到图2的局面，

白方得到重新选择的机会。

5.王h6!（图7）

图7

这一步非常关键！白方的王占据边线位置，把走向棋盘中心的通道让给了黑王。

5...王h8

如果黑方走5...王f7，白方应以 6.王h7，确保支持g兵前进。接下来6...王f8 7.g6（图8）。

图8的局面怎样看都与逼和毫无关联。没错，此局面与前面变化中出现的白方王在f7，黑方王在h8的最大区别是，图8的局面中黑王有广阔的空间可以走动，不会出现逼和局面。

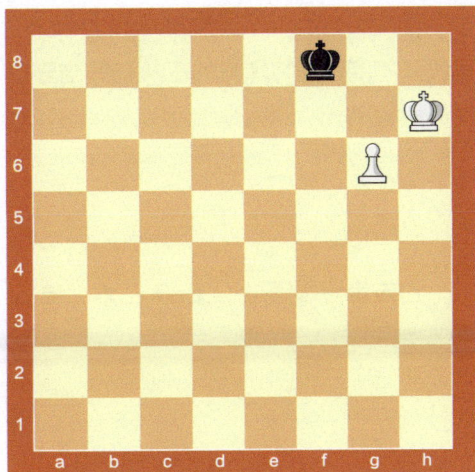

图8

6.g6 王g8 7.g7 王f7 8.王h7

白方能够确保兵升变，取得胜势。

♟ 要点3：其他中心线路的兵

当白兵处于c、d、e、f四条线路上的时候，不会出现b、g线兵遇到的问题。

图9

图9中，白王只要走到兵前方的第6横线，就能保证将黑方的王从有效防守位置中驱逐出去。

1. 王f6

白方也可以通过1. 王e6 王f8 2. f6 王g8 3. 王e7的方式取胜。

1... 王f8（图10）

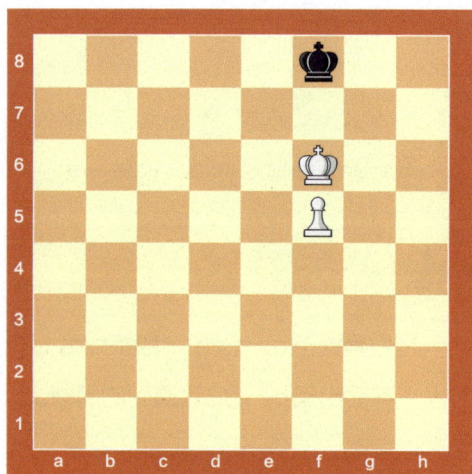

图10

图10的局面中，白方的王无论走到e6还是g6，都能顺利完成支持兵升变的任务。

具体应该怎样走，请你自己试试吧！

小练习

图11中轮到白方走棋，白王下一步正确的走法是什么？

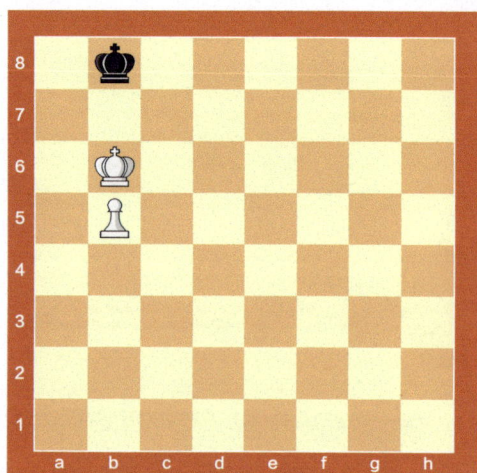

图11

答案：1. 王a6。白方的王从边线方向走，将黑方的王赶向中心位置，避免逼和的情况发生。

课后作业

1 复习本课内容，对b、g线兵的特点进行归纳小结。

2 仔细体会图3~图5中双方王的位置以及轮到哪方走棋的重要意义。

3 按照训练计划完成本书的习题。

冠军课堂

b、g线的兵与c、d、e、f线的兵没有本质上的区别，不像边兵那样，只要弱势方的王及时回防就能和棋。但优势一方的棋手需要多加注意的是避开弱势方王走到棋盘角格制造逼和的"陷阱"，需要把弱势方的王向中心线路驱赶。鉴于b、g线兵临近边线存在逼和的隐患，多兵方执行王入侵行动时，要把握从边线向中心走的原则。关键格、对王等技巧同样适用于b、g线兵的残局。

第7课

中局简单战术（一）
——捉双

学习目标

1 了解捉双战术的主要特点

2 掌握捉双战术的基础知识并进行实践运用

知识讲解

捉双战术也被称为击双战术，战术的主要特征是进攻方同时打击对方阵营中两个及以上的目标。捉双战术的表现方式可以是同时威胁吃对方两个棋子，也可以是将军的同时威胁吃子，还可以是威胁将杀的同时连带着吃子的打击。总而言之，当捉双战术发挥功效的时候，受到进攻的一方难以同时防护受攻目标，势必面临子力损失。

♟ 要点1：捉双战术的特点

在实战对局过程中，捉双战术经常出现。事实上，任意一种棋子都可能实施捉双战术。例如伴随着兵的挺进，看似微不足道的小兵却可能同时攻击到相邻线路上两个对方的棋子；或者，在残局中一方的王位于主动位置时，也可以同时进攻对方的多个棋子。对，不要小瞧王的进攻威力，那个看似时时需要其他棋子保护的王同样具备很强的攻击能力。

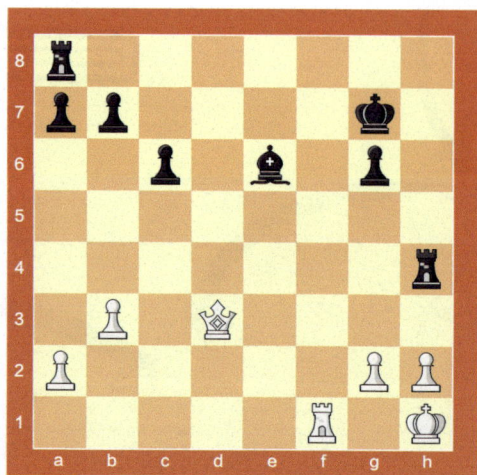

图1

图1中轮到白方走棋。显而易见，白

方在子力数量和棋子位置上均处于上风。不过，白方能否找到厉害的走法将棋局快速由优势转变成为胜势呢？

1.后c3+（图2）

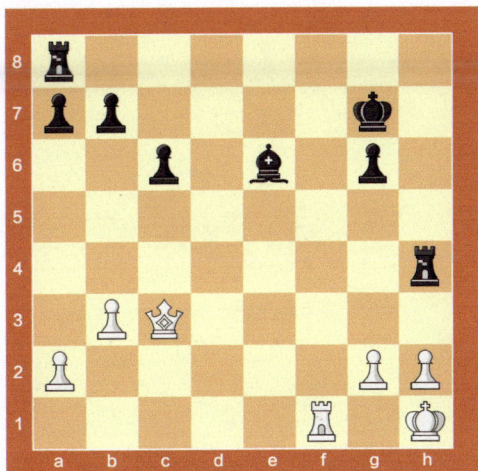

图2

白方看似不经意的将军，将自己的后调整到黑格里。由于后可以在棋盘上斜行，接下来后在黑格斜线中发挥的攻击作用大大提升了白后的威力。

1...王h7

在1...王h6 2.后e3+（图3）的变化中，白后在将军黑王的同时制造了消灭黑方e6象的威胁。

而黑方的王走到h7时，白后应该走到哪里发挥捉双的功效呢？

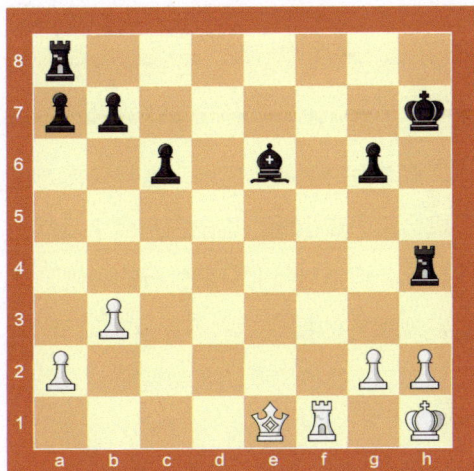

图3

2.后e1!（图4）

图4

白后同时进攻黑方的h4车和e6象，黑方受到捉双的打击，不能同时兼顾两个棋子的安全。

49

2...车h5 3.后×e6

白方顺利得子，取得胜势。

♟ 要点2：隐蔽的捉双战术打击

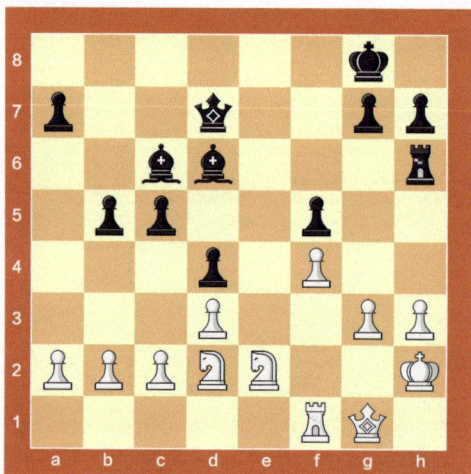

图5

图5中轮到黑方走棋，看起来黑方没有机会走一步棋同时攻击白方两个及以上的目标。但是当我们仔细分析的时候，就会发现黑方的捉双战术不是摆在明面上，而是实实在在的隐蔽的致命威胁。

1...后e6（图6）

看起来黑方不过是移动一下后，威胁白方的e2马。但是，黑方把后调动到e6的同时，还具有在h3弃车，再后h6将杀的威胁。因此，类似1...后e6的走法看似威力有限，却具有隐蔽的威胁，是实质性的

捉双战术打击。

图6

2.马f3

白方如果选择将e2马逃离，将会遭遇2...车×h3+弃车突破白方王前防线，再后到h6将杀的手段。

2...后×e2+

黑方得子，取得胜势。

♟ 要点3：直接打击带来的捉双机会

图7中轮到黑方走棋。虽然目前黑方占据主动，但是假如白方能够顺利完成马到f2的出子，后面的战斗依旧漫长。因此，黑方需要抓紧时机采用强制性走法取得实质性的优势。

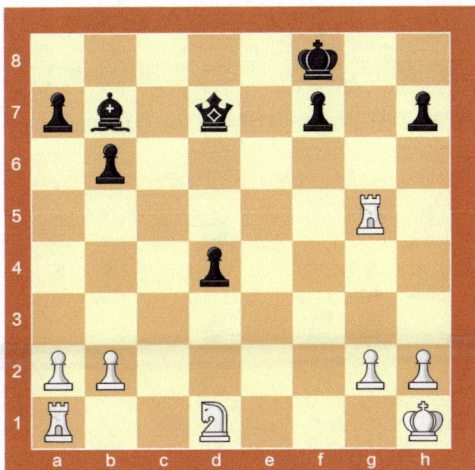
图7

1...后e7（图8）

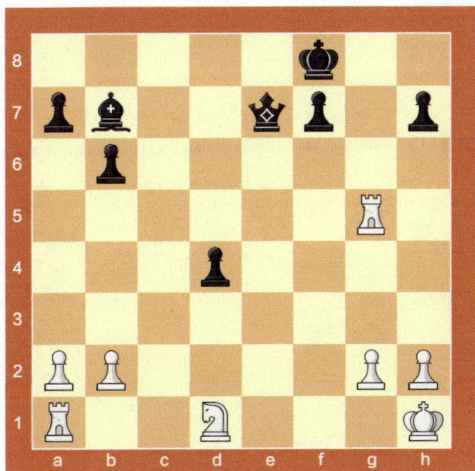
图8

黑方的后同时威胁消灭g5白车及e1将杀，白方难以同时兼顾两个受攻目标，棋局陷入败势。

图9中轮到白方走棋。在双方的王处于不同方向易位的棋局情况中，激烈的对攻在所难免。此时，白方可以采取捉双战术一举突破黑方的王前阵地防线。

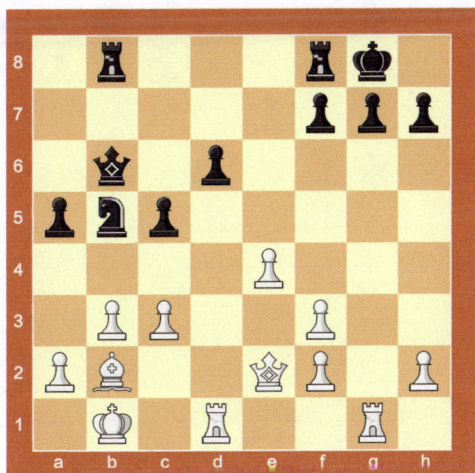
图9

1.后×b5!!（图10）

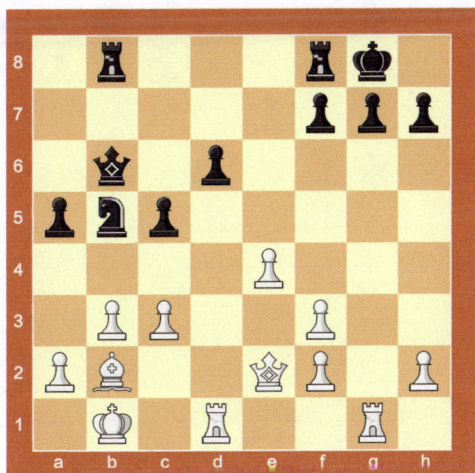
图10

白方采取弃后换马的行动之前一定要把后面的变化都计算清楚，否则这样的交换一旦被防守住，白方就吃了大亏。

1...后×b5 2.c4！（图11）

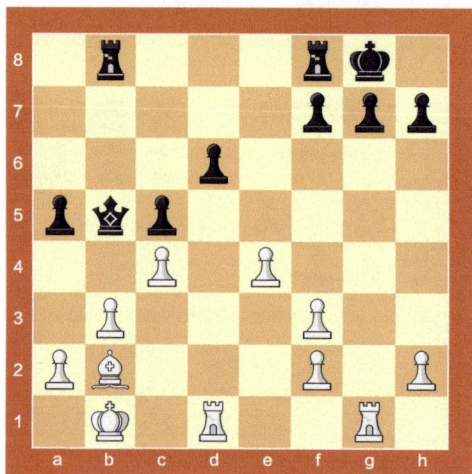

图11

捉双！白方在g7格制造将杀的同时威胁黑方b5格的后。棋局胜负立见分晓。接下来，黑方无论采取2...后b4 3.车×g7+王h8 4.车g8+王×g8 5.车g1#还是2...g6 3.c×b5的下法，均难以抵抗白方的进攻。

♛ 要点5：混乱局势中的捉双战术

捉双战术经常出现在那些看似复杂的混乱局面中，进攻方往往可以采用非常规的弃子手法达到双重攻击（甚至是多重攻击）的效果。

图12中轮到黑方走棋，粗看之下双方

的棋子纠缠在一起，似乎一下子难以找到清晰的进攻思路。不过，当黑方实施捉双战术打击之后，棋盘上的局势立见高下。

图12

1...象×c4 2.后×c4 马e3（图13）

图13

捉双！黑马跳入e3格，同时攻击白方的c4后和f1车。

3.f×e3 象×e3+（图14）

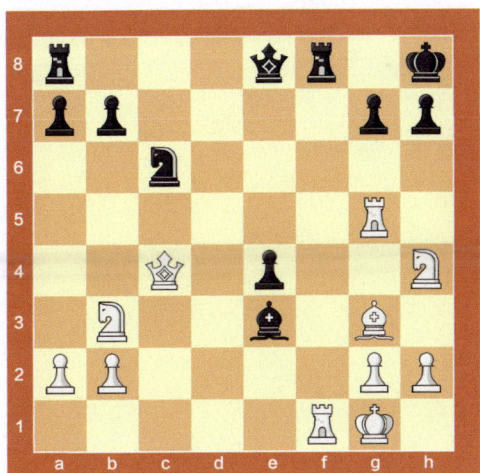

图14

再次捉双！黑象同时将军和攻击g5的白车。

4.王h1

如果4.象f2 象×g5，黑方同样获取了子力优势。

4...象×g5

黑方获得了子力优势，取得胜势。

由此可见，捉双战术可以在一方走棋之后即刻产生攻击效果，也可以通过一连串强制性着法之后演变出优势局面。

课后作业

1 复习本课内容，加强对捉双战术的特点和处理方式的认识。

2 从自己看过的棋谱或自己的对局当中找到3~5个捉双情境，进行分析和思考。

3 按照训练计划完成本书的习题。

冠军课堂

用成语"一箭双雕"来形容捉双战术再恰当不过，而受到攻击的一方面临的处境则是"顾此失彼"。实施捉双战术的棋子可以是棋盘上任何一种棋子，例如威力最大的后，在直线和斜线上同时攻击对方多个棋子的情况经常发生。当己方棋子处于被捉双的情况时，不要幻想着可以同时将多个受攻目标安全撤离，而是要考虑是否能够消灭对方发挥捉双作用的棋子，或者攻击对方阵地当中其他目标，以反攻的方式来完成防守任务。

第 8 课

中局简单战术（二）
——全牵制

学习目标

1. 了解牵制战术中判断攻击目标的关键要素
2. 掌握牵制战术的局面特点和应用技巧

知识讲解

实施牵制战术时进攻方看起来在瞄准一个目标进行攻击，但实际上攻击目标不只表面上那个，还有相同线路上更为重要（价值更高）的棋子。因为实际上防守方不止一个棋子受到攻击，所以被攻击的目标难以躲闪，活动受限。实施全牵制时相同线路上受到潜在攻击的更为重要的棋子是王，此时防守方受到进攻的棋子只能作为挡箭牌，失去活动的自由，这种牵制攻击的威力较大。

如果被牵制子掩护的不是王而是其他棋子，这时受到牵制威胁的一方可以视情况选择弃子，从而摆脱被牵制的状态，这样的牵制称为半牵制。

要点1：瞄准重要目标进攻

图1的局面中轮到白方走棋，黑方的王在中心，白方利用这个有利条件，实施牵制战术打击。

1.象×e7

正确的走棋次序非常重要。如果此时白方采取1.车e1的下法，黑方可以1...f6挺兵架起防线。

图1

1...象×e7 2.车e1（图2）

图2

白方的车在e线上发挥牵制作用，黑方的e7象被牢牢牵制住，无法实施有效防守。白方得子。

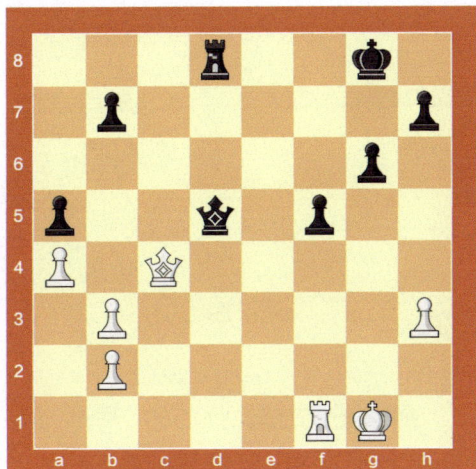

图3

图3中轮到白方走棋。现在白方少一个兵，假如采取兑后的下法，棋局将转化成为黑方多兵的残局。

1.车d1!!（图4）

图4

这是突如其来的攻击手段。白方利用后在a2-g8斜线上的强力牵制作用，对黑方的弱点发起猛烈的进攻。

1...后×c4

由于黑王在a2-g8斜线上，黑后受到白后的牵制，对白方d1车的攻击无可奈何。

2.车×d8+!（图5）

借助将军先手吃掉黑车，白方的走棋次序精确。

图5

图6

2... 王f7 3.b×c4

利用牵制战术，白方获得了一个车的优势，胜利在望。

👑 要点2：盯牢核心目标

利用牵制手段，有时进攻方获得短期收益，有时获得持久的优势，无论追求的是短期的收获还是长远战略性行动目标，盯牢核心目标都非常关键。

图6中轮到白方走棋，白方子力数量落后，面临后即将兑换以及f2兵被攻击的威胁，如果没有特殊的攻击手段，显然白方将落入下风。仔细观察，发现h8格的黑王以及f6格的黑后与白方处于c3格的后均处于a1-h8斜线上，被牵制的棋子是否能为白方带来进攻的机会呢？

1.车d8！（图7）

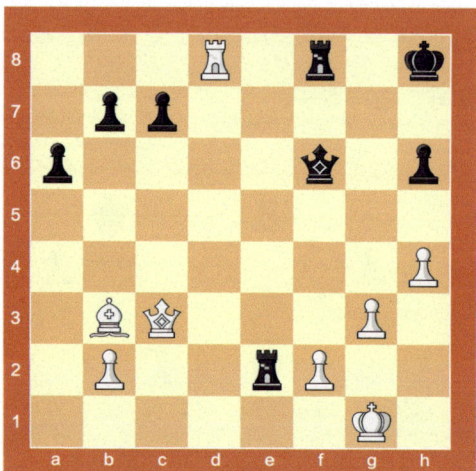

图7

看起来白方送车到黑方的"嘴巴"里，但由于白方位于c3的后在斜线上起到的牵制作用，黑方根本奈何不了白方这个送上门来的车。

1...后×c3

如果此时黑方走1...王h7，将面临2.车×f8后×f8 3.后d3+王g7 4.后×e2抽将消灭黑车，白方多一个象的局面。

如果黑方走1...王g7，那么接下来的变化将是2.车×f8后×c3 3.车f7+王g6 4.b×c3，白方子力数量占优。

如果黑棋走1...车×f2，白方则应以2.车×f8+，黑方的后动不了，白方吃黑方f8车，黑方同样不能接受。

2.车×f8+王g7 3.车f7+（图8）

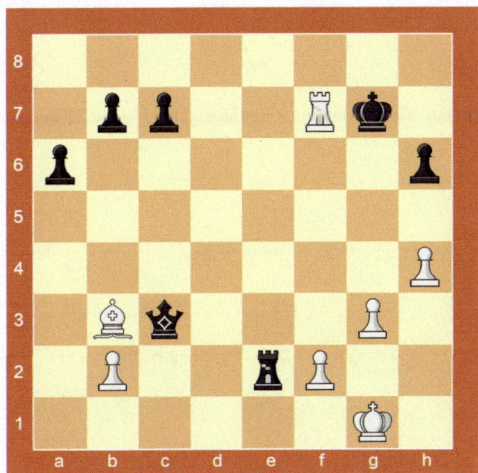

图8

白方利用将军先手摆脱f8车被攻击的状态。

3...王g6 4.b×c3

经过一番子力交换之后，局面变成了白方占优的残局形势。

要点3：牵制战术的特点

实施牵制战术的重点在于利用对方子力间的不协调，借力打力发挥进攻作用。需要注意的是，实施牵制战术进攻时只能使用远射程棋子，也就是说马、兵和王在牵制战术当中不能充当主要角色。此外，牵制战术基本上不需要进攻方实施弃子手段，走棋看起来与一般着法没有区别。

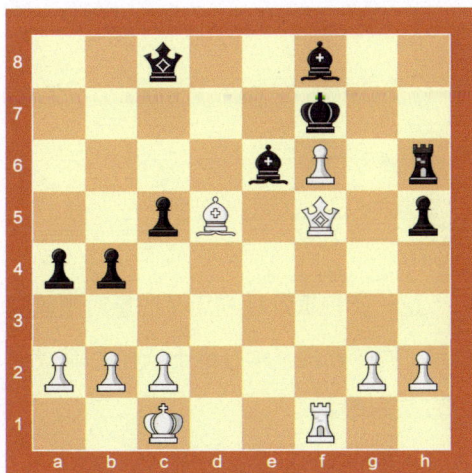

图9

图9中轮到白方走棋。由于白方d5象对黑象的牵制，黑方的子力活跃性受到了限制。白方是否可以利用牵制战术快速行动，取得实质性的优势呢？

图9的局面给人的第一感觉是局面特别复杂，尤其是纠缠在一起的象和后，让人感到一场大规模的子力兑换可能发生。不过，当我们仔细研究了棋子所处的位置之后，就能抓住棋局要点，找到白方实施牵制战术的进攻机会。

1.车e1!（图10）

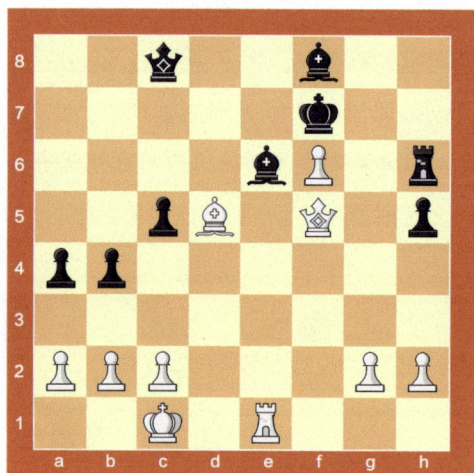

图10

这一步棋很好地利用了白象对黑象的牵制，同时抓住了黑方位于c8的后缺少保护的主要弱点。

1...车×f6

黑方如果采取1...象×d5 2.后×c8

的下法，将损失过多子力。

2.象×e6+后×e6 3.后×h5+（图11）

利用将军避开黑车的攻击。

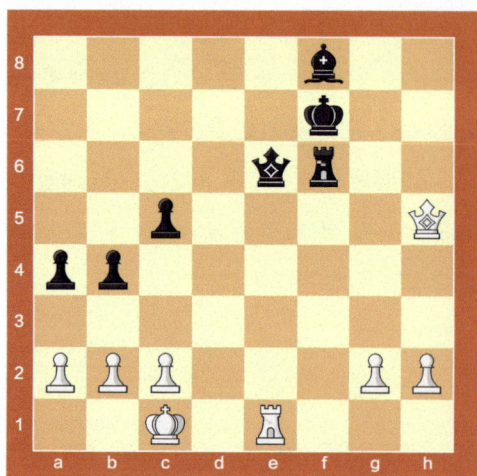

图11

3...王g7 4.车×e6

白方得子，取得胜势。

记住，牵制是国际象棋对局中最常用的战术和进攻手段，在对局的开、中、残局阶段都可能会出现。牵制战术的目的就是利用拖住对方受攻击目标棋子的手段，限制对方子力的活动，进而获得子力优势。

课后作业

1 复习本课内容，思考为什么全牵制战术具有强制性的攻击威胁。

2 摆棋谱，发现棋局当中具有远射程威力的棋子如何利用牵制战术进行打击。

3 按照训练计划完成本书的习题。

 冠军课堂

　　实施牵制战术进行攻击的棋子必须具有远射程攻击能力，才能在直线、横线或斜线上构成"串烧"式的攻击威胁。全牵制战术最终的攻击目标是王，所以具有强制性的进攻效果。挡在王前面的相同线路的棋子充当挡箭牌，不能挪开，往往最后被活捉。

第9课

中局简单战术（三）
——半牵制

学习目标

1 理解全牵制战术与半牵制战术的相同和不同之处
2 学会并反复练习牵制战术的应用技巧

知识讲解

当实施牵制战术攻击的主要目标不是王而是其他棋子时，这种牵制称为半牵制。需要注意的是，在半牵制攻击进行的时候，线路上的核心攻击目标可能处于缺少保护的状态，或者有保护但是这个棋子的价值比实施进攻作用的棋子的价值高，这样的牵制进攻才是有效的。需要特别提醒的是，牵制战术有时并不会立刻带来收益，战术实施时也不需要弃子，有时还会与其他战术结合在一起实施。牵制战术，要求棋手善于在"平淡"的走法中发现进攻机会。

♛ 要点1：发挥远射程棋子功效

牵制战术中，进攻方用具有远射程攻击能力的棋子在直线或斜线上直接进攻目标，而这个进攻目标后面还隐藏着更多的攻击目标。在使用牵制战术的过程中，主动进攻的一方要用己方价值低的棋子拖住对手价值高的棋子，令对方疲于防守，陷入无法脱身的状态。

图1

图1中轮到白方走棋。目前黑方多一个兵，但是白方的子力位置很好，特别是位于a7格的车在第7横线上牵制住了黑方很多力量。再加上黑方的象被封锁在兵链里，所有因素都表明白方正处于积极主动的进攻态势。黑方的棋形虽然被动，但是兵形相对牢固，白方必须要找到突破口才能有效推进攻势。

1. 车×f5 e×f5（图2）

图2

随着双方车的交换，白方e兵的前进路线被打开。得益于白方a7车的重要牵制作用，白方接下来的行动可以通过牵制战术成功实施。

2. e6（图3）

伴随着白方e兵的挺进，黑方第7横

线被牵制的问题完全暴露了出来。

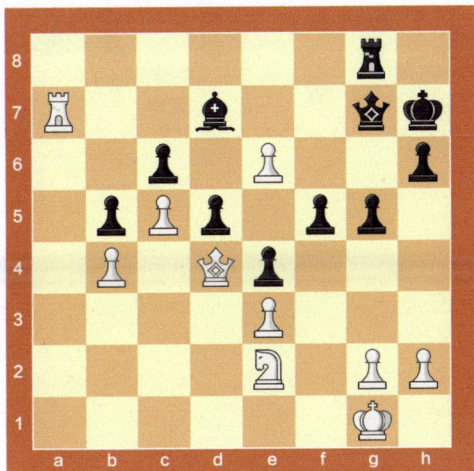

图3

2...象×e6 3. 车×g7+ 车×g7 4. 后f6

白方取得胜势。

♛ 要点2：全牵制与半牵制混合运用

牵制战术以少数火力牵制住对方较多的力量，当防守方被牵制棋子的后面是王或子力价值高于进攻方实施牵制的棋子时，直接受到攻击的棋子只能充当挡箭牌，失去活动自由。

图4中轮到黑方走棋。此时，双方在棋盘上剩下的棋子数量不多了。如果黑方将主要精力用于挺进b兵，争取在残局中取胜的策略耗时太长，通过牵制战术进行攻击，效果立见。

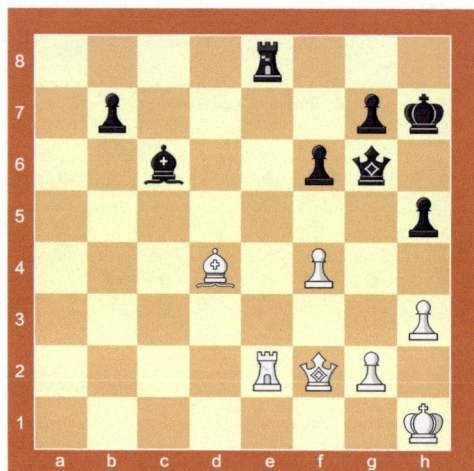

图4

2. 后 × g2 车 × e2 3. 后 × c6 b × c6

黑方多子，胜利在望。

♛ 要点3：轻子的牵制功效

牵制战术需要具有远射程攻击特点的棋子来完成。在后、车、象三个具有远射程攻击能力的棋子当中，象的价值最低。也正是因为如此，象执行牵制任务最"划算"，由于对方阵营中受到牵制的棋子是个高分值的"大家伙"，所以象的牵制功能就显得特别强大。

1... 后 × g2+!（图5）

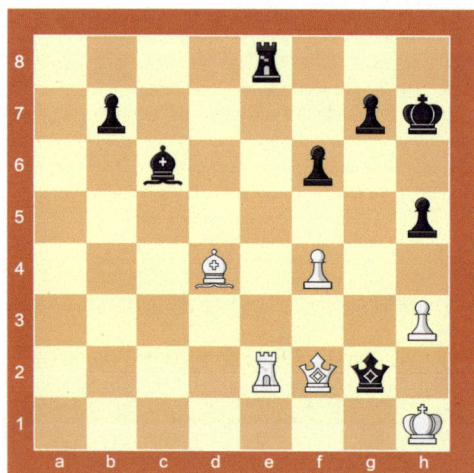

图5

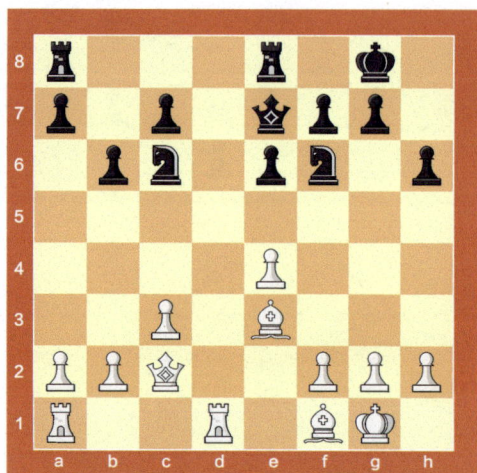

图6

弃后，目的在于把白后引入到受到牵制的位置上，这样一来，白方的e2车便失去了保护。

图6中轮到白方走棋。鉴于黑方是双马、白方是双象的配置，在开放的局面中，白方已经在相当程度上掌握了主动权。

1.象b5

白方的象对着黑方e8车，牵制住了黑方的c6马，黑方难以摆脱牵制。白方将获得子力优势。

👑 要点4：借助将军过门

在牵制战术的应用过程中，借助将军过门来获取子力收益的手段是最为常见的。

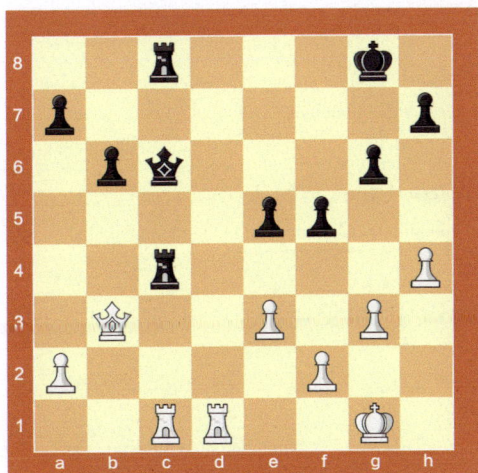
图7

图7中轮到白方走棋。现在黑方多一个兵，假如白方没有特别的攻击手段，无疑将是黑方占据上风。

1.车×c4后×c4（图8）

后和王在同一条斜线的情况发生了。在类似的局面当中，棋手要培养出对牵制战术敏锐的嗅觉。

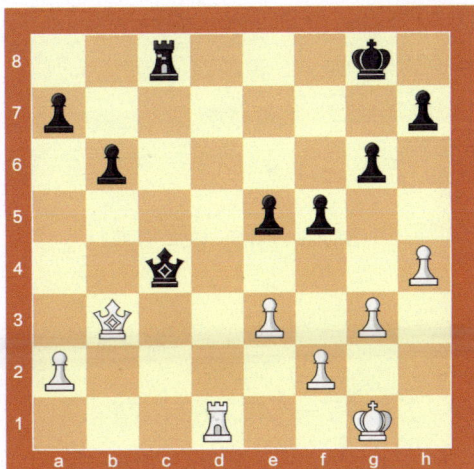
图8

2.车c1！（图9）

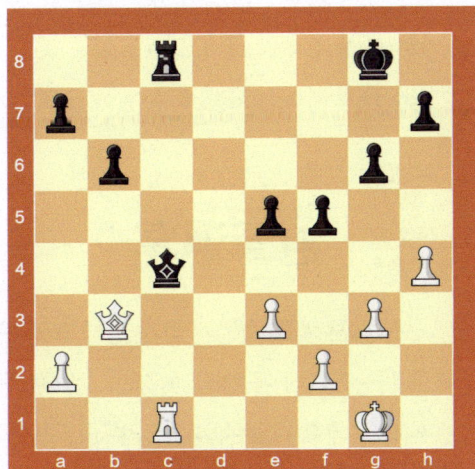
图9

有时候，为了撼动起到防护作用的棋子，一些棋手会考虑到2.车d8+的走法，希望通过2…车×d8 3.后×c4+的走法获得子力兑换的收益。但是，这一策略忽略了一个问题，黑方可以不理睬白方的车，

而采取2...王g7的走法。这样一来，黑方
的后将摆脱牵制，重新获得活力。

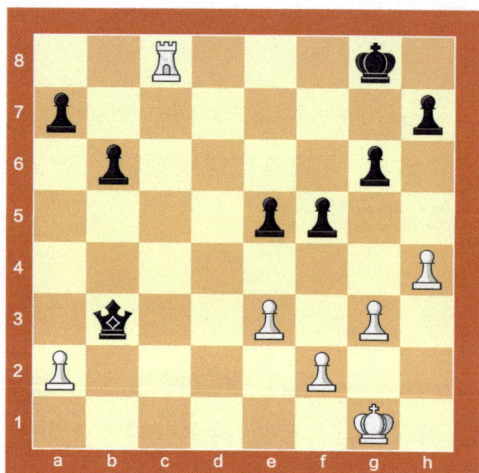

图10

2...后×b3 3.车×c8+!（图10）

利用将军抢夺先手非常重要！

3...王g7 4.a×b3

白方多了一个车，胜利在望。

课后作业

1 复习本课内容，增强对牵制战术攻击目标和攻击技巧的认识。

2 认真思考，用自己的话说一说全牵制与半牵制的区别。

3 按照训练计划完成本书的习题。

冠军课堂

　　牵制战术最大的特点是进攻方的子力在直线、横线或斜线上发挥巨大的威力，
被牵制一方由于子力活动受限，造成棋局"瘫痪"。记住，牵制战术的目的不一定是
立刻获得什么明显的收益，也可以是令对方棋子丧失活动自由陷入被动处境，为后
面更厉害的行动积蓄能量。牵制战术是国际象棋对局中使用最频繁的进攻战术。

第10课

中局简单战术（四）
——闪击

学习目标

1. 了解闪击战术的特点，体会闪击战术中的弃子与得子
2. 学会闪击战术的实施技巧

知识讲解

当一方的若干子力位于相同线路上，在轮到他走棋时，他可以闪开位于前面的棋子，亮出后面的棋子并令其发挥作用，从而攻击对方主要目标，这样的行动被称为闪击战术。闪击战术攻击的目标棋子通常是王或价值最高的后，这样闪击战术实施时受攻击方才需要即刻进行应对。

很多时候，闪击战术与捉双战术同时发挥作用，令受攻击方应接不暇。

♛ 要点1：闪开线路的攻击

一些棋局过程当中会出现棋局形势瞬间发生改变的情况，主要原因就是一方突然用出极具威胁的战术攻击走法，短平快的攻击手法令受攻击的一方毫无招架之力。

图1中轮到黑方走棋。看起来双方势均力敌，中心的开放线路可能会带来大规模的子力兑换。但是，这一局面随着黑方的行动被打破了。

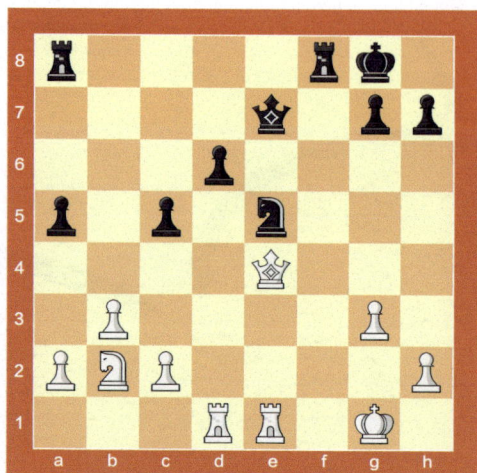

图1

1...马f3+（图2）

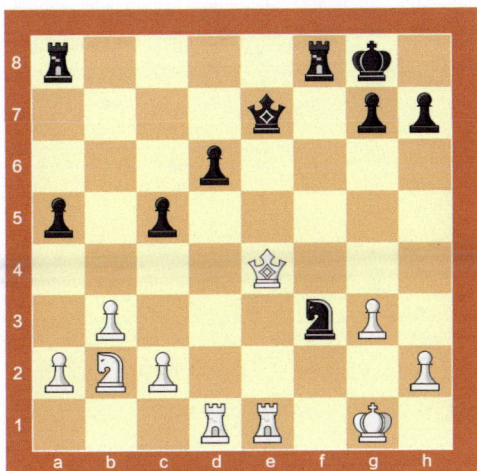

图2

2.后×f3

若改走2.王h1 马×e1（图3），黑方不怕白方吃e7后，因为黑方在底线f1格有将杀的威胁。接下来3.后×e7车f1#，黑方将杀成功。

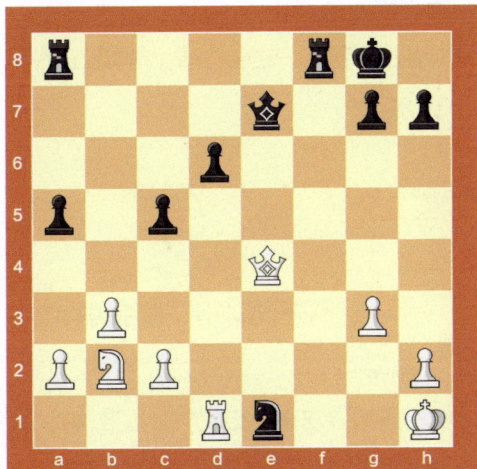

图3

2...后×e1+

黑方抢先带将军消灭白车，黑方掠得子力收益。

3.车×e1 车×f3

黑方占优。

♛ 要点2：复杂的战术 弃子行动不一定最佳

图4中轮到白方走棋，这是一个看似非常平淡的局面，假如不进行特别的思考琢磨，白方下一步棋很自然的走法就是吃回c3马，然后黑方挺兵d5，双方的实力大体相当。

图4

不过，对于进攻嗅觉非常敏锐的棋手而言，除了被将军的时候必须马上应将，其他时候的走法都不是强制性的。此时，白方是不是有机会利用闪击的战术攻击方法，令黑方瞬间遭到毁灭性打击？

1.马g5（图5）

图5

白方敏锐地抓住黑方阵营当中b7象缺少保护的弱点，利用跳马威胁后h7叫杀的闪击战术，在h1-a8斜线上收获战利品。

1...象×g5

白方跳马到g5进攻的威胁来得太突然了，很容易收到意想不到的效果。面对h7格后将杀和b7象难以保住的压力，如果黑方应对不善，在1...马e4 2.象×e4 象×e4 3.后×e4 象×g5 4.后×a8的变化中，白方获取明显的优势。

黑方可以采取积极反击的下法1...马×e2+（图6）。

图6

局面经过2.车×e2 象×g5 3.象×b7 马c6 4.后e4 f5 5.后d3 马b4 6.后b3 车b8 7.象g2 后e7的变化之后，形成一个白方少兵有补偿的局面。

2.象×b7 马×e2+! 3.车×e2 马c6

虽然走棋次序略有不同，但是显然棋局已经步入到前面分析过的局面，双方的一场激战即将发生。

由此可见，白方1.马g5的走法效果并不明显。

♟ 要点3：精准实施的"闪"与"击"

在一些激战的局面中，双方针锋相对，均采取向对方阵地猛扑过去的进攻策略。这样的局势要求棋手走棋时必须准确到位，特别是涉及弃子的战术行动时，更是一点马虎不得。

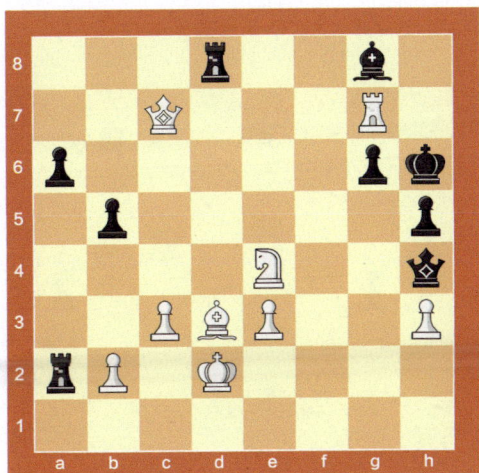

图7

图7中轮到白方走棋。这是一个只能集结所有力量扑向对方阵地进攻的局面，由于王的位置暴露，防御性走法在类似的局面中已经失去作用，棋子的数量也不过是形式上的数字而已。现在，白方必须利用行棋权直接冲杀黑方的王，并且行动必须持续将军！否则，黑方完全可以用攻击白方王的方式进行回击。

明确了自己的任务之后，接下来进入我们脑海的问题就是选择突破口。目前，由于黑方的g8象已经将h7格牢牢防守住，因此我们在思考白方下一步棋的时候，就要考虑在哪里才是正确的弃子突破口。

经过分析计算之后，以下的着法自然而然地"跳"了出来：

1.车×g6+!（图8）

白方通过弃车让黑王进一步暴露在受

攻击的火力当中。

图8

1...王×g6

黑王被"请"到g6格，而这个位置正处于白方d3象的进攻范围之内。下一步，白方的马应该往哪里走呢？

2.马d6+!（图9）

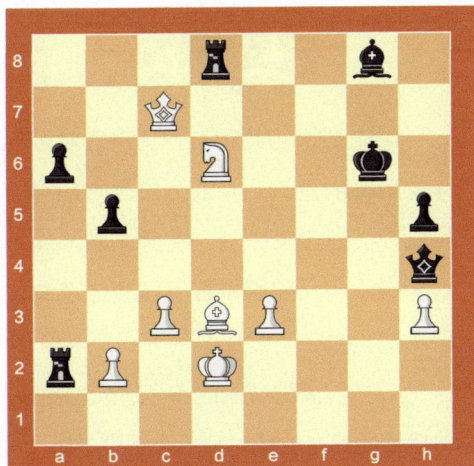

图9

闪将！考虑到黑方d8车对白方d3象的攻击作用，白马走到其他地方，只会遭遇黑方2...车×d3的回应。

2...王f6

黑方的王没有安全的位置可以选择，如果2...王g5，白方3.后g7#将杀；如果2...王h6，白方则应以3.马f5+，黑后被抽掉。

3.后×d8+（图10）

白后将军抽掉黑方的后，白方获得

胜势。

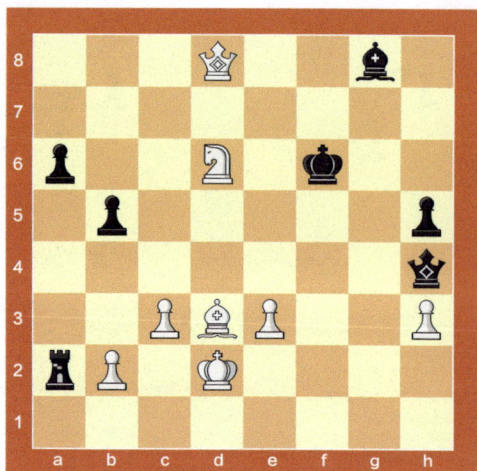

图10

课后作业

1 复习本课内容，增强对闪击战术攻击目标和攻击手段的认识。

2 认真思考，归纳总结闪击战术的特点。

3 按照训练计划完成本书的习题。

冠军课堂

闪击战术的关键在于正确理解和应用"闪"与"击"的关系。闪开的棋子需要连带厉害的进攻，才能逼迫对方应对，从而确保后面发挥攻击作用的棋子的威胁得以实现。这也意味着，在闪击战术发生时存在多个（或系列的）进攻威胁。在选择攻击目标时，最好选择王或价值高的子，否则在弃子实施战术打击时，可能会出现得不偿失的子力损失。

闪击战术之所以厉害，是因为受攻击方要同时面对多重威胁，被迫顾及一个受攻击目标的同时放弃对另一个受攻击目标的防守，无法全面兼顾所有受攻击棋子的安全。

第11课

中局简单战术（五）——闪将

知识讲解

闪将战术是闪击战术中的一种。与上一课介绍的闪击战术不同的是，前面棋子闪开后，前方闪开的棋子，与后面的棋子至少有一个对对方的王将军。闪将可以多种方式表现出来，例如前面闪开的棋子发挥将军作用，或者后面那个棋子发挥将军作用。当然，还有一种可能出现的情况是双将。

闪将战术追求的目标是消灭对方更多数量、更高价值的棋子，或者是攻击对方的王。闪将战术有时可实现双将的情况，令受攻击方的王遭受猛烈进攻。

♟ 要点1：闪将战术中的双将

双将是非常厉害的进攻手段，因为双将时受攻击方的王遭受到多个棋子的威胁，只能采取避将的方式来应对，双将也被称作最具强制效果的攻击行动。

图1中轮到白方走棋。此时白方在棋子数量上完全不能与黑方相提并论，因此白方接下来的战斗不能以消灭黑方棋子为目标，必须以将杀黑王为宗旨。并且，白方的进攻行动必须一气呵成，不能给黑方任何喘

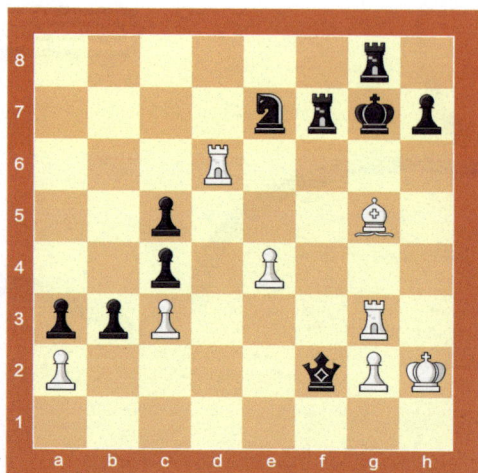

图1

息机会，否则黑方将会从容地化解他的王面临的问题。

现在，白方有闪将黑王的机会。位于g5格的白象走到哪里是最精确的呢？

1.象f6+!（图2）

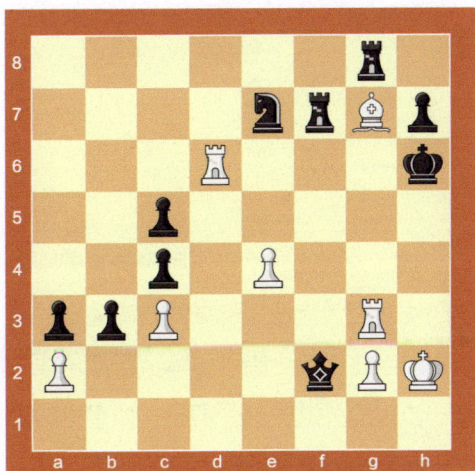

图2

正如前面提到的情况，白方棋子数量处于劣势，此时已经没有时间去考虑1.象×e7+闪将吃马和1.象e3+闪将抽后的走法，因为黑方只需应以1...后×g3+便可以将棋局带入黑方胜势的局面。那么，白方只能考虑具有双将效果的闪将战术，也就是白象在f6格和h6格的两个将军走法。

在1.象h6+王h8 2.车×g8+王×g8（还可以1...马×g8）3.车d8+车f8 4.车×f8+后×f8 5.象×f8 王×f8的变化中，黑方将迎来胜势局面。

排除了白象走到h6的可能之后，象到f6成为白方继续战斗的唯一走法。

1...王h6

如果黑方走1...王f8，白方则会应以2.车d8#。

2.象g7+!（图3）

图3

好棋！白方再次以双将的方式执行闪将战术。白方位于第6横线的车与g7的象联手双将黑王。面对双将，黑方的王除了继续逃窜之外，没有其他的选择。

2...王h5 3.车h6#（图4）

这构成了双车杀王的经典模式。白胜。

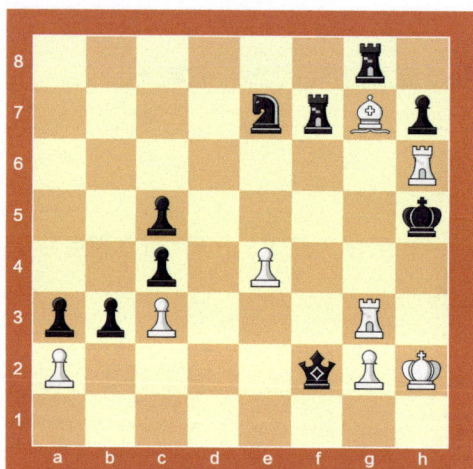

图4

♚ 要点2：以闪将战术为保障的进攻

国际象棋的战术打击手段具有摧毁对方防线的巨大能量，瞄准对方阵地上的弱点，棋手往往不会错过具体执行战术攻击那一步棋的关键时刻。但是，如果进攻方仅仅在机会完全呈现在眼前的时候才能发

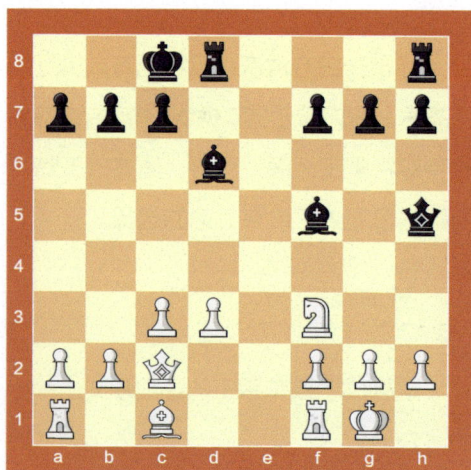

图5

现，无疑防守方也会千方百计地予以制止。也就是说，看似浮在表面的战术打击实际上是几步棋之前就挖好的陷阱，这就需要棋手提高预判能力和制造战术打击机会的能力。

图5中轮到黑方走棋。此时白方多一个兵，但是出子方面显然黑方更主动，在白方的王翼上形成了很大的压力。

1...象×d3！（图6）

图6

弃象！黑方之所以走得如此大胆，是因为在d线上存在闪将得子的机会。

2.后a4

2.后×d3 象×h2+（图7）的下法令黑方获得闪将得子的取胜机会。

伴随着黑象闪将的行动，白方位于d3格的后完全暴露在黑车的枪口之下。接下来的走法是3.马×h2 车×d3，黑方获得胜势。

图7

2...象×f1

黑方得子，获得巨大的优势。

要点3：具有潜伏期的闪将战术打击

图8中轮到黑方走棋。看似风平浪静

图8

的局面中隐藏着强大的闪将机会。

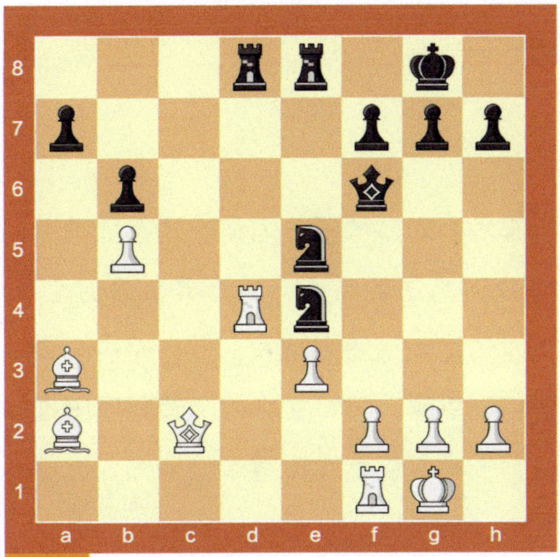

1...马f3+（图9）

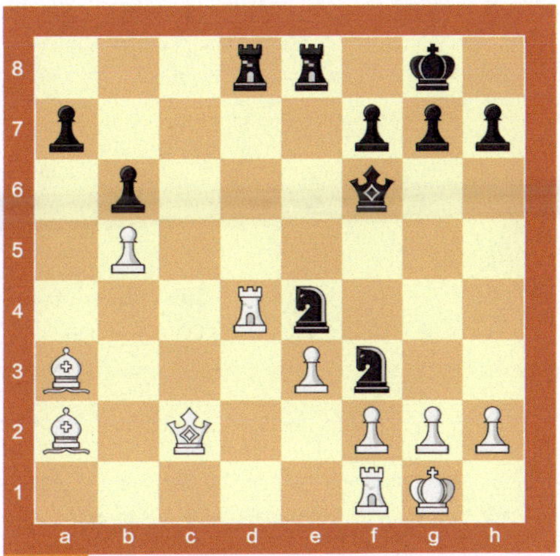

图9

强大的战术打击！黑方也可以通过1...车×d4 2.e×d4 马f3+的走棋次序来执行闪将战术。

2.g×f3

假如白方不接受黑方的弃马，棋局将会形成以下变化：2.王h1 车×d4 3.e×d4 马×d4 4.后b2 马×f2+（图10）。

因为底线存在被将杀隐患，显然白方不能吃掉黑方的f2马。接下来5.王g1 马e2+，黑方获得胜势。

2...后g6+3.王h1 马g3+（图11）

黑方利用闪将战术消灭白方的c2后，

迎来胜势局面。

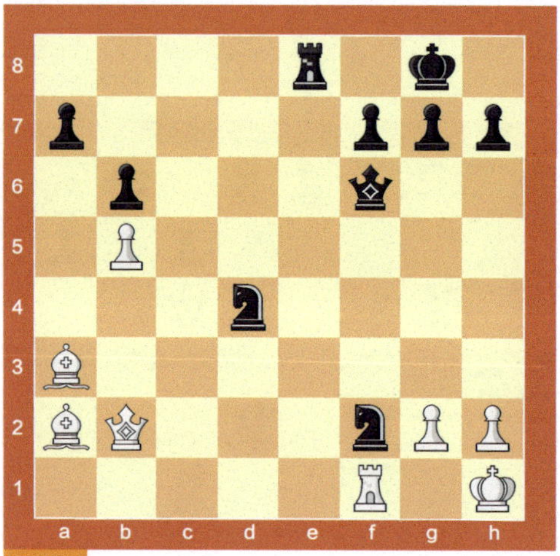

"化学作用"，例如利用闪将消灭对方重要棋子，利用闪将令自己的棋子走入对方阵营中被严密把守的位置等。

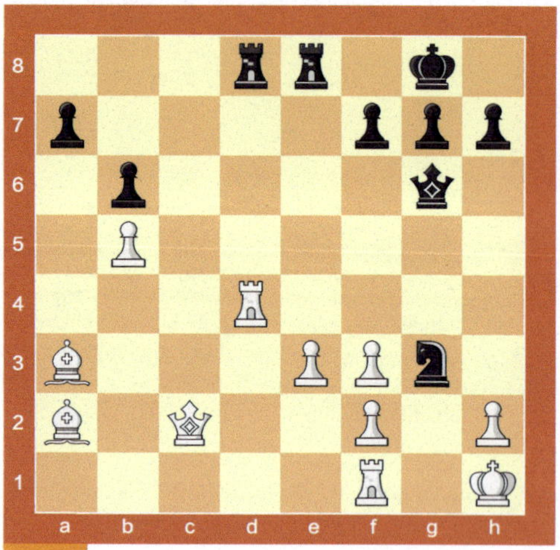

图10

闪将战术实施过程中，往往是后、车、象等远射程子力与其他子力的配合产生

图11

课后作业

1 复习本课内容，总结闪将战术与闪击战术的特点，将二者进行对比。

2 用自己的话说一说，在闪将战术实施的时候需要注意哪些因素。

3 按照训练计划完成本书的习题。

冠军课堂

　　闪将是闪击的一种形式，闪将将攻击目标瞄准为对方的王。闪将比较容易被发现，因为闪将具有进攻方棋子在相同线路上剑指对方王的特点。闪将具有强制性，对方必须在第一时间予以应对，因此它在实施时的优点是威力巨大，但有时也会令棋手过高估计战术威力，产生错误判断。需要特别提醒，闪将实施时比较容易出现错误的地方在于，进攻方将棋子闪到错误的位置，看似都能发挥将军的威力，但正确的着法往往具有唯一性。

第12课

中局简单战术（六）
——消除保护

知识讲解

消除保护战术又被称为消除防御战术，从字面上理解，我们就能知道这个战术的核心任务就是摧毁对方的防御战线。消除保护战术的行棋特点是直接吃掉对方担负防御任务的子力或破坏对方棋子间协同防御的战线联盟。消除保护战术经常发生在攻王或制造长将局面求和相关的时刻，有时在兑子过程中也存在使用这个战术的机会。

♛ 要点1：捕捉攻击点

消除保护战术的攻击重点在哪里呢？从这个战术的名称当中我们就能找到答案——消除"保护"，顾名思义是将起到保护作用的棋子消除掉，也就是说进攻火力聚焦在起到保护作用的那个棋子。

图1中轮到黑方走棋，分析棋局我们发现黑方多一个车，但是白方的象沿着a2-g8斜线将黑方的后牵制住了。如果黑方没有特别的手段，那么将面临丢后的不利局面。

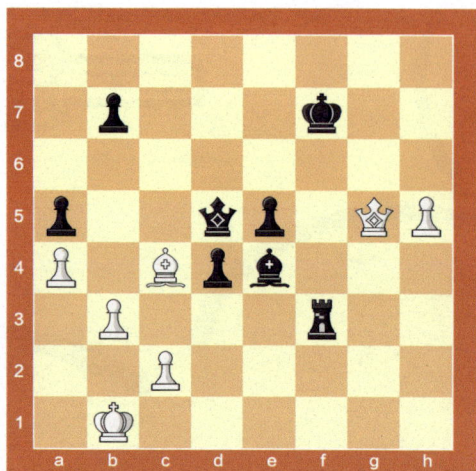

图1

有没有什么办法能让黑方的后从被牵制的状态中解脱出来呢？显然，黑方除了后之外没有其他棋子可以攻击到c4象，直接消除牵制并不现实。因此，就应该把注意力放在如何消除掉白象的保护棋子上，这样一来牵制威胁便自然而然地解决了。

1...车×b3+!（图2）

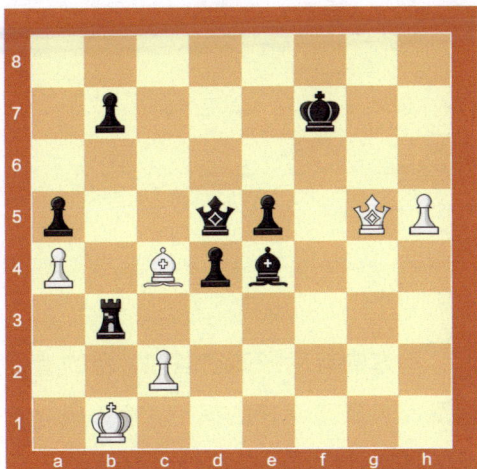

图2

借助黑方e4象对位于c2格白兵的牵制，黑方针对保护c4象的b3兵大开杀戒，一下子突破了白方的防线。

2.王a2

白方已经无法有效处理黑方的突破，在2.王a1 后×c4和2.象×b3 后×b3+ 3.王a1 后c3+的变化中，黑方取得胜势。

2...后×c4 3.c×b3 后e2+

黑方通过消除保护战术打击手段，成功解决了白方的威胁，获得胜势。

♛ 要点2：消灭起到保护作用的棋子

图3中轮到黑方走棋。此时黑方的子力处于积极位置，白方苦于防护中心的e4兵，后和马都在担负这个重任。这个时候，黑方能不能加快攻击行动，一举突破白方的防线呢？

图3

1...车×d2（图4）

黑方直接消灭白方防护e4兵的棋子，从中心实现突破。

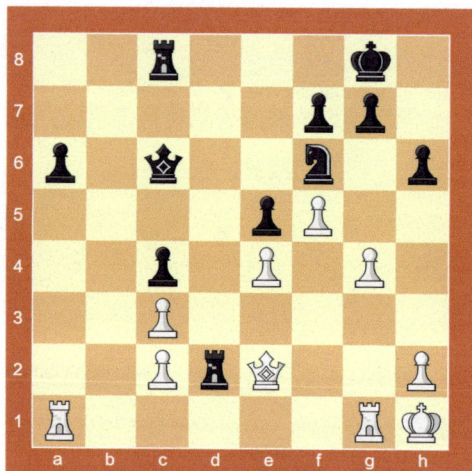

图4

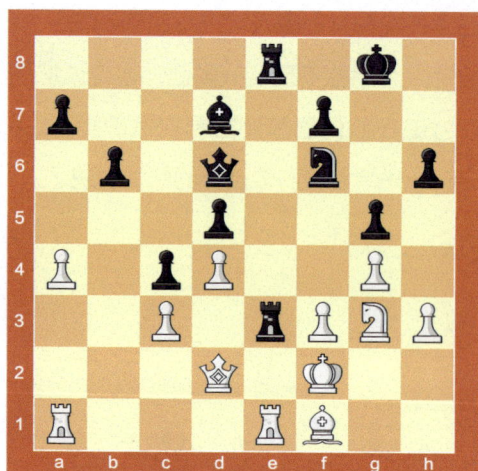

图5

2.后e3

在2.后×d2 马×e4 3.后g2 马f2#
之后，黑方成功将杀白王。

2...马×e4

黑方多子且位置主动，取胜不难。

消除保护战术的机会有时会突然闪现，
其在棋局中的表现形势也千变万化，能否
抓住战术机会是对棋手的考验。

图5中轮到黑方走棋，看起来在中心
开放的情况下，e线的子力兑换在所难免。
不过，黑方如果接受兑换的话，将会大大
简化棋局子力的数量，将难以保持积极的
进攻态势。

1...后×g3+（图6）

黑方的弃后行动很凶猛，目的就是
消除白方坚守e4格的棋子，换来畅通无
阻的进攻。

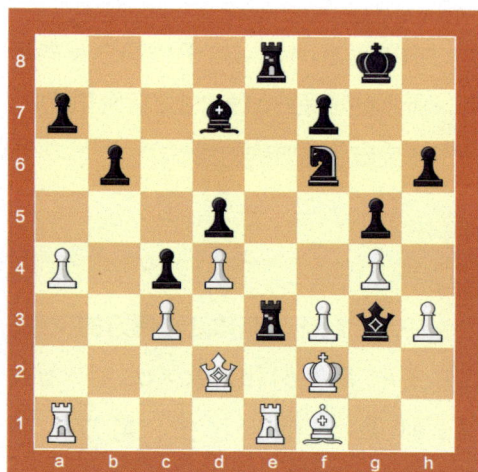

图6

2. 王 × g3 马 e4+ 3. 王 g2 马 × d2

黑方消除保护战术和击双战术结合使用，获得巨大的棋子数量优势。

♛ 要点3：战术行动中的反战术打击

一些局面当中出现战术弃子打击的机会时，战术可能不是以单一的形式出现，而是以多种战术、弃子与反弃子的行动在一起的形式出现的。主要注意的是，个别时候棋手会因为看到战术机会过于兴奋而贸然行动，造成对局面的判断失误，进而采取不成熟的行动。要牢记在战术弃子行动启动之前，一定要深思熟虑。

图7的局面中，双方子力数量相当，但是黑方的兵形存在一些问题。此时，如果白方采取稳健的方式1.h3来处理局面，能够保持较为长久的积极局面，棋局形势处于上风。

但是，在实战过程中白方过高估计了自己的形势，以为通过战术可以获得更大的优势，在弃子行动时忽略了黑方反弃子的精准应对方法。

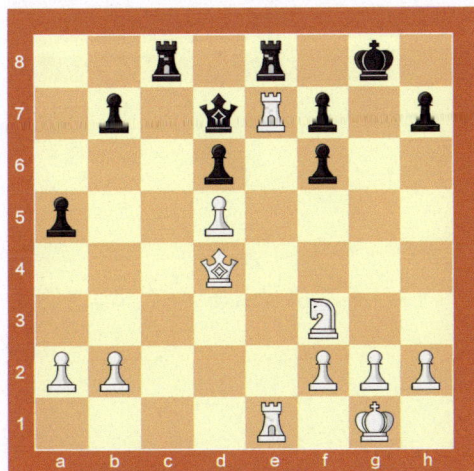

图7

1. 车 × e7？（图8）

图8

白方的行动有些冒失了，可能以为黑方一定会采取1...车 × e7 2. 车 × e7 后 × e7 3. 后 g4+（图9）的应对方式。

如此，白方成功实施击双战术，在将军黑王的同时威胁下一步消灭c8车，白方得子。

但是，在图8的局面中，黑方可以采取反弃子的应对方式。

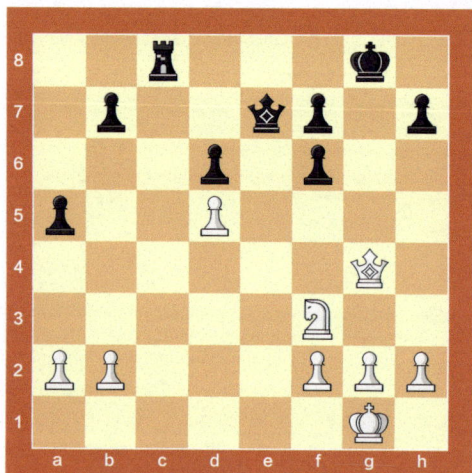

图9

1...后×e7!!

白方不能接受2.车×e7 车c1+的走

法，所以只能看着黑方的后在嘴边，却不能吃。

2.h3 后f8 3.车×e8 车×e8
4.后×f6 a4 5.王h2（图10）

局势变得不均衡，白方子力数量方面落后于黑方，但是由于黑方阵地的兵形不佳，棋局将在复杂的较量中继续。

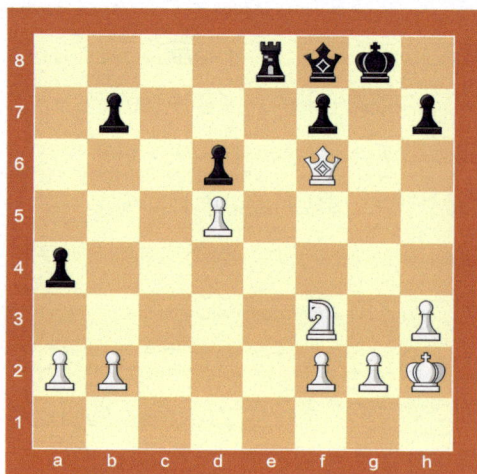

图10

课后作业

1 复习本课内容，增强对消除保护战术的认识和掌握。

2 思考自己的棋局中有没有发生过消除保护战术的例子？如果有，请对其进行分析和深入思考。

3 按照训练计划完成本书的习题。

冠军课堂

消除保护的战术比较隐蔽，有时不容易被发现。因为棋局过程中棋手受到惯性思维影响，有时计算的时候会默认一些棋子一直得到其他棋子的保护，处于非常安全的状况。有了这样的想法，便忽视了这些"安全"的棋子可能并不安全的问题。

瞄准对方阵营当中处于防护关系的棋子，保持对发挥保护作用那个棋子实施攻击的警觉。你会发现，棋局过程中实施消除保护战术的机会经常会出现。

计算力养成（一）

知识讲解

计算力是棋手准确行棋的重要保证。为什么有些棋手经常丢子？为什么有些棋手能够在几步棋之前就预感到一些机会的到来或危险将至？为什么有些棋刚走出来时看着很厉害，但是几步棋之后才发现隐藏着大麻烦？所有这些情况都与棋手的计算力有直接的关系。

棋局是双方一步一步走出来的，但是在很多时候，当某一步棋走出来时，之后的几步棋都是强制性走法，这个可能历时几个回合的过程需要棋手精准计算，否则根本无法创造最后的将杀或使棋局取得实质性进展的"临门一脚"。特别是在实施战术弃子的时候，走棋次序的任何一点差错都可能给棋局带来天翻地覆的改变。

♟ 要点1：跳出常规思维

棋局过程中，棋手经常会陷入一个固化的思维模式中，例如兵升变一定要变为价值最高的棋子后，子力价值高的棋子交换子力价值低的棋子一定吃亏，对方采取弃子弃兵行动时一定要接受，等等。不结合棋局实际情况做出的判断往往会造成严重的后果。不同棋局形势具有不同的特点，具体情况需要具体分析，棋手要善于跳出常规思维的束缚，依靠精确的计算做出合理的判断和决策。

图1中轮到白方走棋，即将升变的白兵夺人眼球。白方下一步棋当然要用兵消灭黑方的g8车从而升变，但是具体升变为哪一个棋子却很有讲究。

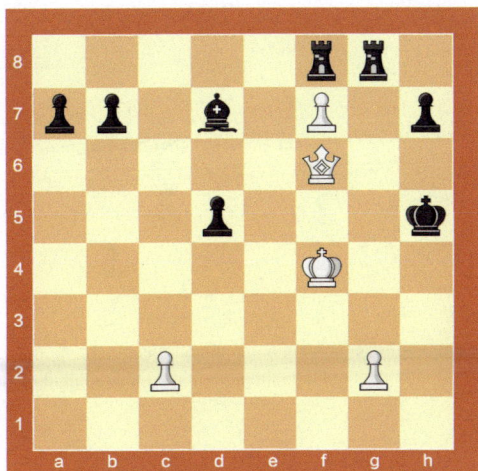

图1

1...车×f6+ 2.马×f6+

借着将军抽掉黑方位于d7格的象。

2...王h4 3.马×d7

白方子力数量占优，胜利在望。

♟ 要点2：找准进攻点

当进攻的机会摆在面前时，你能不能做到头脑清醒？当多种进攻方法摆在面前时，你能不能思路清晰，计算准确？

1.f×g8马！（图2）

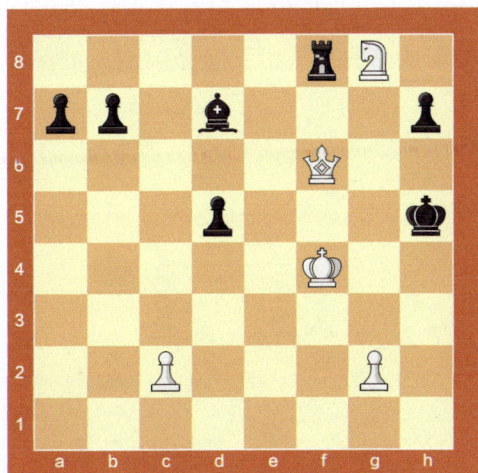

图2

跳出常规的思维，兵升变没有选择成为后而是选择成为马是明智的决定！在1.f×g8后 车×f6+ 的变化中，战斗仍然很漫长。

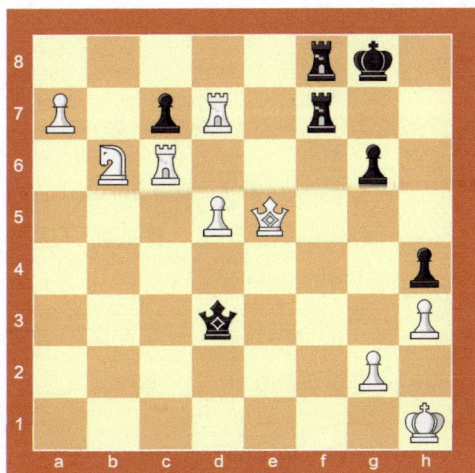

图3

图3中轮到黑方走棋。此时白方棋子数量占优，显然黑方如果找不到绝杀白王的办法，将难以与白方抗衡。

黑方棋子追杀白王的途径在哪呢？首先想到的思路是黑方走1...车f1+，这步棋看似完全符合运送棋子参加战斗的法则，此外还能达到先手将军白王的目的。但是，当黑车在f1将军白王之后，白方只要应以2.王h2，黑方便难以继续组织强有力的进攻。

1...后×h3+！（图4）

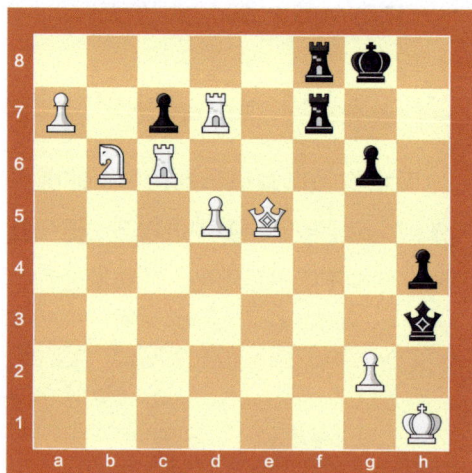

图4

干净利落的弃后下法，彻底打开白方王前阵地。黑方不能采取1...后b1+ 2.王h2的下法，因为白方的王会顺利摆脱受攻击的状态，黑方的进攻难以继续。

2.g×h3 车f1+ 3.王g2 车8f2#

黑方利用双车与h4兵的配合绝杀白王，取得胜利。

图3的局面中，黑方取胜的方法只有一种吗？其实，黑方还可以在另一个位置弃后，达到同样的效果并取得最后的胜利。

1...后f1+（图5）

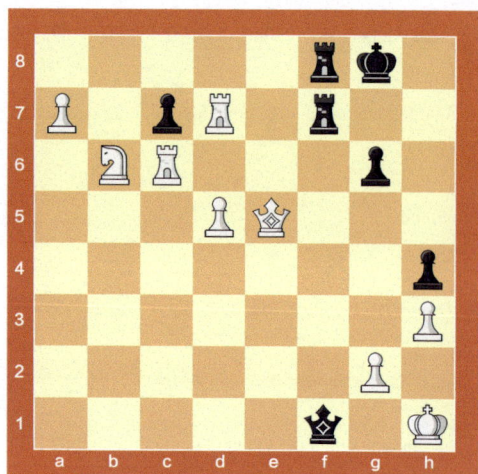

图5

黑后将军的位置选择在一个靠近白方g2兵的格子里，为后面的行动做好准备。

2.王h2 后×g2+！（图6）

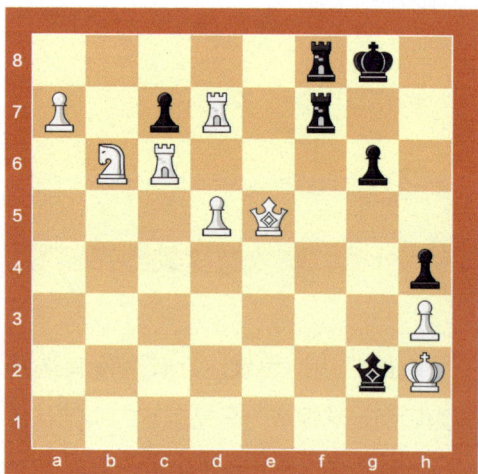

图6

与图4中黑方选择在h3弃后的行动效

果相同，黑方攻破白方王前阵地。

**3.王×g2 车f2+ 4.王g1 车f1+
5.王g2 车8f2#**

黑胜。

要点3："不起眼"棋子的作用

战术进攻的行动中，棋手通常对重子、轻子的作用格外重视，而对兵的作用有所忽略。殊不知，看似不起眼的兵在整个行动当中同样可以担负重任。

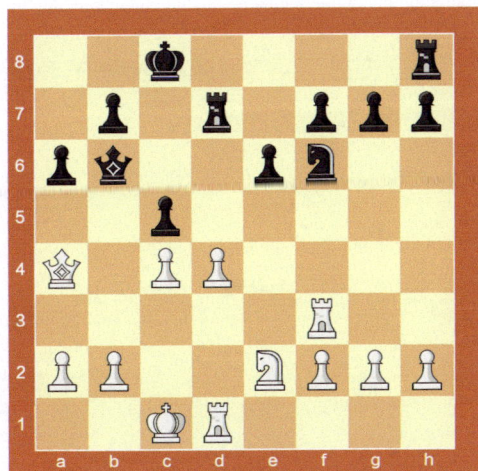

图7

图7中轮到白方走棋。双方的中心兵处于接触状态，看起来一场沿着d线的子力兑换即将开始。

1.车×f6!（图8）

如同晴天霹雳，白方的行动突然启动。

类似的弃子行动通常是多种类型战术进行的组合，需要白方从行动伊始便将后面的变化计算清楚。精准的计算是行动的基础。

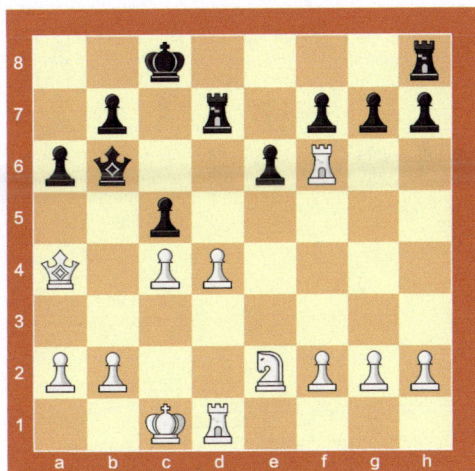

图8

1...车hd8

黑方1...g×f6将遭遇2.后×d7+（图9）。

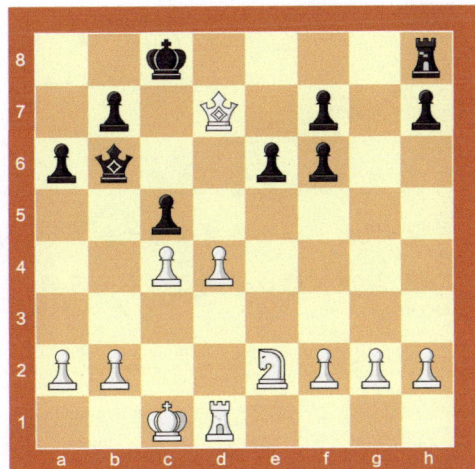

图9

白方通过弃后行动将黑王拖到白车所在的d线，为后面的闪击行动做准备。接下来2... 王×d7 3.d×c5+（图10）。

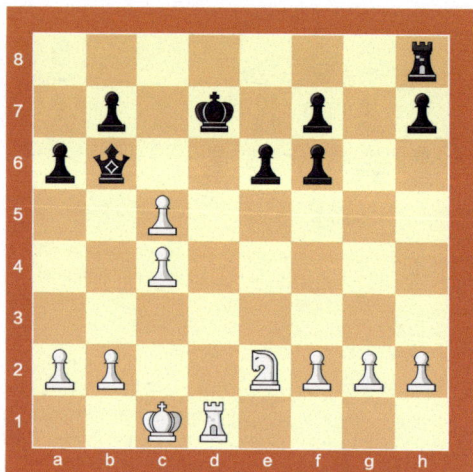

图10

闪将战术在白方小兵的行动中得以实现，下一步白方c×b6消灭黑方的后，棋子数量占得上风。

2.车f3 c×d4 3.车fd3 e5
4.王b1 e4 5.c5!（图11）

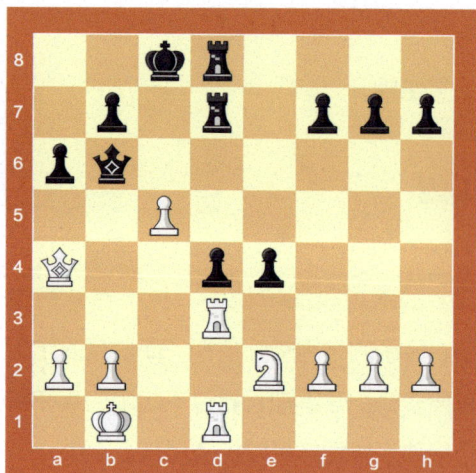

图11

白方的小兵再次发威，确保白方有足够的力量围攻黑方的d4兵。

5...后×c5 6.车×d4

白方获得子力优势，胜利在望。

课后作业

1 复习本课内容，思考如何才能提高自己的计算力。

2 找出3~5个连将杀棋局的例子，独立思考，看看自己是否能找到正确的答案。

3 按照训练计划完成本书的习题。

冠军课堂

　　良好的计算力是棋手成功实施目标任务的重要保证。在平常练习的时候，要养成先动脑后动手的习惯，尽可能要求自己将棋局变化想得深远一些，然后再把想好的棋走出来。培养良好的计算力最基础也是最好用的办法之一就是做战术习题，因为大多数战术实施时需要弃子，所以更加考验棋手的计算能力。

计算力养成（二）

知识讲解

　　精确的计算能力是棋手对局时最为重要的能力，在培养计算力的过程中，要做到面对简单明了的局面变化想清楚，面对复杂对攻的局面思路明确，面对突发情况头脑冷静。复杂对攻局面最考验棋手的计算能力，行动方向确定的前提下深入计算才能更好地处理棋局，否则很可能设想的着法都跑偏了方向。需要通过弃子的攻击行动更要三思后行，只有把后面的变化都计算清楚，才能做出是否要弃子的决策。

　　平时训练的时候，棋手可以通过将杀练习的一些强制性变化进行针对性训练，提高计算能力。

♛ 要点1：善于发现棋局弱点

　　复杂的棋局形势当中，棋手要面对多种变化选择。在这些可供选择的变化当中，有些值得进行深入思考，有些变化由于方向设定出现错误，哪怕想得再多也不过是浪费时间，并不会产生实际的功效。

　　如何才能用最短的时间找准行动方向，让自己把思考的时间都用在正确的变化中呢？

　　找准对方棋局当中的弱点是关键！找准了攻击的弱点，瞄准那个目标去思考，尽可能多地把敌我双方的走法想周全，这样的思考方法最高效。

　　图1中轮到黑方走棋。

　　白方的车正在攻击黑后，假如我们只从黑后受到攻击的角度来思考如何逃离，那么思路就很容易陷入究竟应该把后走到d8还是吃掉白方a4兵的方向当中。但是，很快我们就会发现，在1...后d8的变化中，白方应以 2.马 × e6，黑方面临丢子。如果黑方走 1...后 × a4，白方同样可以应以 2.马 × e6，经过 2...象 × b2 3.后 h4 h5 4.后 f2 之后，黑方遇到大麻烦。

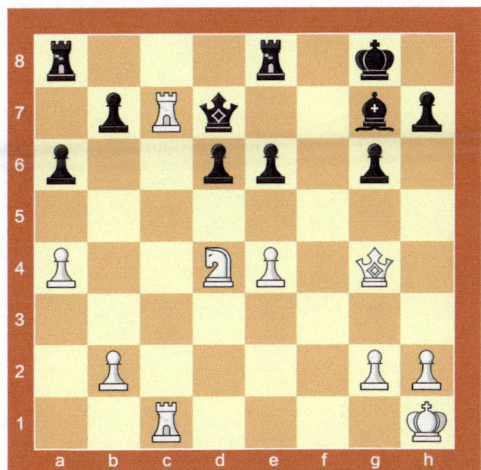

图 1

显然，黑方现在需要找到更加积极的办法才行。白方的弱点在哪里呢？

1...车 ac8!（图 2）

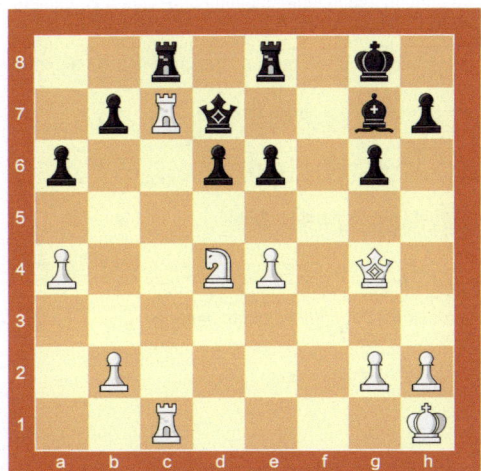

图 2

黑方的行动抓住了关键！白方的底线有问题，黑方出车到 c8 之后，就把白方的 c7 车粘住了。

2.车 × c8

在 2.车 × d7?? 车 × c1+（图 3）的变化中，白方底线王的大问题暴露了出来。

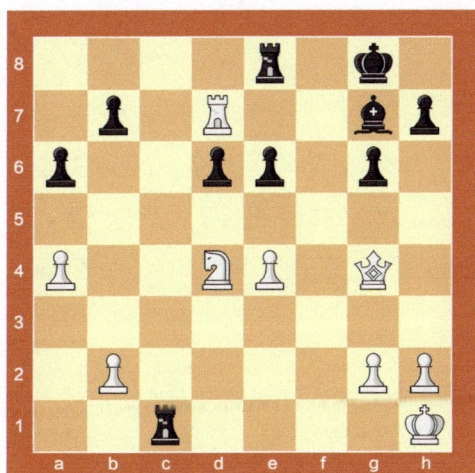

图 3

白方不能允许图 3 中的情况发生，于是只能采取 2.车 × c8 的下法。这之后的变化可能是：

2...车 × c8 3.车 × c8+ 后 × c8 4.马 e2

随着双车的兑换，黑方的子力获得了自由。现在如果白方采取 4.后 × e6+ 后 × e6 5.马 × e6 象 × b2（图 4）的下法，黑方依靠多兵的优势获得理想的局面。

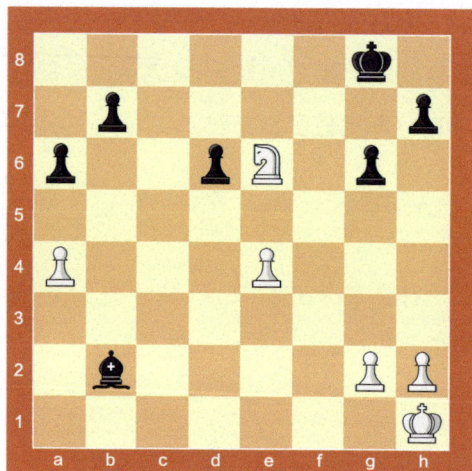

图4

从图1到图4，经过了4个回合的较量之后，双方的棋子进行了大量的交换。现在的棋局已经形成了黑方多兵的胜势残局。

4...象×b2

黑方形势不错。在走1...车ac8这步棋之前，如果棋手能预判到几步棋之后的局面，当然就可以信心十足地做出决策啦！

♟ 要点2："不能去"的格子

棋局思考过程中，有时棋手会习惯性将棋盘上被对方棋子控制住的格子认定为"不能去"的格子，在思考的时候忽略了自己的棋子闯入这些地方的可能性。这样的思考习惯在双方处于平稳局面时一般没有问题，但是在棋局处于复杂对攻的情况时就不能做出如此简单的判断。因为在复杂对攻局面中，评判棋子应该去哪里、棋子价值高低、是不是应该弃子的依据是王的安全，假如我们的行动可以令对方的王陷入困境，那么为了实现这个目标，棋盘上所有的格子都不是"禁区"，思考时更不应该受到条条框框的约束。

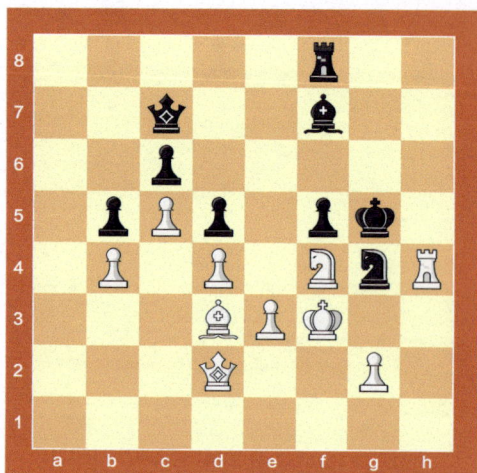

图5

图5中轮到白方走棋，目前白方多了一个兵，并且黑方的王也暴露在很危险的位置，这显然是一个对白方有利的局面。不过，由于白方的e3兵也可能受到黑方的进攻（例如黑方如果有机会走车e8），因此白方还是要加快进攻的行动节奏，不能采取慢吞吞的进攻策略。

白方的进攻突破点在哪里呢？看起来黑方把自己的阵营防守得很坚固。

1.车h5+！（图6）

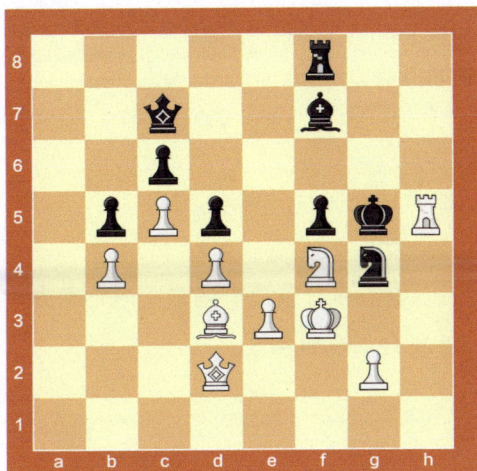

图6

白方把车送到了黑方象的攻击线路中！如果我们没有进行深入的思考，一定会觉得h5格是白车不能去的位置，走到那里不过是白白送死。

1…象×h5

在1…王f6 2.车×f5+ 王g7 3.王×g4（图7）的变化中，我们当然不能只看到白方消灭了黑方的一个轻子的情况，也要考虑自己的王是否安全的问题。

因此，我们需要对图7的局面进行一个整体的评估：白王悬在这么高的位置，安全吗？经过分析之后，我们发现黑方没有能力组织强有力的进攻，因此确认图7的局面对白方有利。

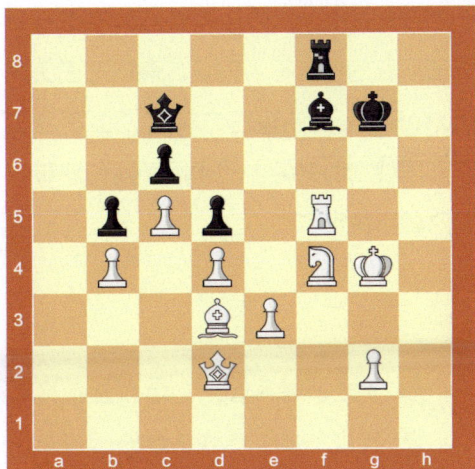

图7

在黑方用象消灭白方送上门来的h5车之后，我们需要对以下变化进行计算和评估。

2.马e6+ 王f6 3.马×c7（图8）

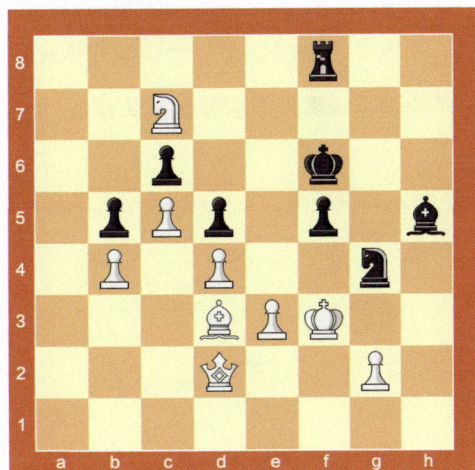

图8

白方通过捉双战术抽将，吃掉黑方位于c7的后，子力数量占据巨大优势。但在

图7的局面中，我们也需要提前考虑一下白王所在的位置是否安全。确认了白王在黑方h5象可能的攻击方向上，但不会出现实质性威胁的闪击战术后，我们便可以欣然做出决定了。

其实整个过程不过持续了3个回合，当棋手将双方王的安全问题与子力得失的问题考虑在一起进行评判时，就能找到准确的走法。

课后作业

1 复习本课内容，思考在复杂棋局形势中应该怎样做才能达到高水平的计算力。

2 找出3~5个连将杀棋局的例子，通过练习找到正确的答案。

3 按照训练计划完成本书的习题。

冠军课堂

在平时训练中，有些棋手习惯一边摆棋一边思考，一旦思考过程当中某步棋走得不那么精确便将棋局摆回来重新进行思考。但是，这样的思考模式在比赛当中根本不适用。落子无悔是国际象棋规则当中最基本的一条，棋手一定要养成深入思考的习惯，对可能发生的变化多想几步。三思而后行很重要！记住，如果没有计算清楚就进行决策，很容易出现失误。

第15课

计算力养成（三）

学习目标

1 学会通过对棋局特点进行分析，用正确的评估方法找到行动方向

2 对不同的棋局形势进行问答式分析练习

知识讲解

棋局中到底谁占上风？应该采取激进的策略还是走得稳一些？子力交换应该接受吗？下棋时，很多时候棋手都处于面临多种可能选择的考验当中，懂得如何进行分析很重要。

如果把计算力比喻成为具体行动，那么分析就涉及往哪里行动，甚至是到底应不应该行动的方向性问题。通过学习和练习培养良好的大局观，养成从全局的视角来分析棋局形势特点，并结合计算执行具体行动的习惯。学习分析局面是棋手提高自身能力过程当中的必修课。

♛ 要点1：计划分析+计算

接下来，我们看一盘实战对局，分析讲解贯穿在整个棋局过程当中的道理。对局讲解会在棋局关键环节放置思考问题的提示，目的在于帮助读者更好地找到分析思考的重点，并根据相关问题的回答对棋局进行判断。

1.d4 f5 2.g3 马f6 3.象g2 e6
4.c4 d5 5.马f3 c6 6.0-0 象d6
7.马c3 0-0 8.象f4（图1）

白方主动邀请黑方兑象本来是一步很平常的棋，但是白方需要付出的代价是在f4格兑象之后，白方将在f线出现叠兵。面对这样一步棋，一个马上进入黑方棋手脑海的问题就是：白方这样走的目的是什么？

图1

黑方问题1： 白方的计划是什么？

黑方问题2： 兑象还是不兑象好？

棋手要通过思考分析试图解答问题，然后沿着思路进行计算。

问题1答案： 白方希望让黑方的兵固定在白格中，白方不想让黑方从中心挺兵到e5格进行反击。

问题2答案： 黑方的兵在白格是难以改变的现实，即便不交换象，黑方也难以从中心e5格成功挺兵。

想明白这些问题之后，即便白方出象到f4格兑换的走法有些特别，但是黑方可以确定这里面没有落入陷阱的危险。

8...象×f4 9.g×f4 b6 10.车c1 后e7 11.马e5 象b7 12.c×d5 e×d5 13.后a4 a5

面对黑方挺进后翼a兵，白方应该考虑的问题是：为什么黑方不采取13...马g4

14.e3 马×e5 15.f×e5 马a6的下法而是在后翼上挺进a兵呢？只要你提出了问题，就比较容易想明白：黑方试图在后翼上获取优势和主动权。

14.a3

白方及时在后翼上有所行动，起到了防护的作用。

14...马e4

黑方跳马到中心，可能会带来兑换，白方需要在棋盘中心之外的区域找到进攻目标。选择进攻目标时一定要从脱离保护的棋子身上下功夫。

15.后b3!（图2）

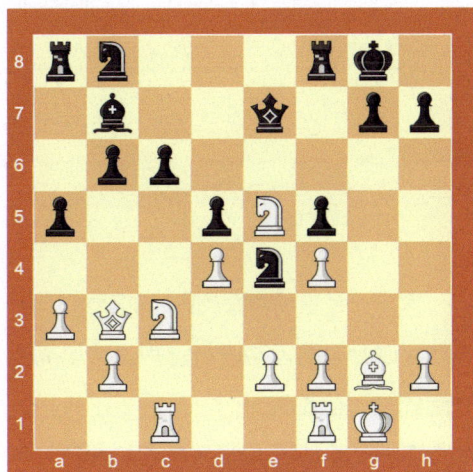

图2

没错，就是这里！黑方的b6兵有些

弱，当然要集结子力对其进行攻击。假如白后走到b3，黑方跳马到d2怎么办？没关系，白方有机会实施一个很隐蔽的战术组合，借势给对方留下一个看似可以得子的陷阱。

15...马d2?（图3）

黑方应该是忽略了白方的战术打击。记住，一个高水平棋手既要具备较高的计划制订的能力，也要避免在计算力上出现重大失误。

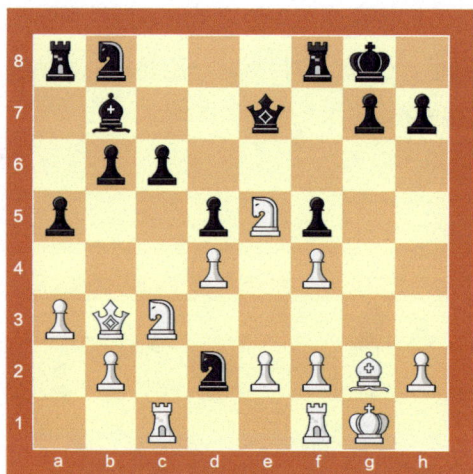

图3

黑方一定是没有看到白方的战术打击，不然应该会采取行动进行防护。这里需要提醒的是，当白方走了15.后b3的时候，黑方下一步跳马到d2进行击双的威胁并不难被发现，这种时候黑方更应该增强防范意识，琢磨白方是不是布下了陷阱。

16.马×d5!（图4）

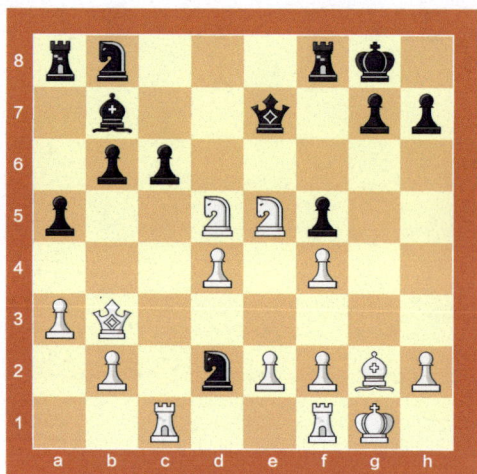

图4

如果这样的突破是成功的，那么很显然白方将获取收益。在中心弃马行动之前，白方要反复核验棋局后续变化，确保不会出现错算和漏算。

中心行动是白方实现突破最有效的办法，白方一定是已经谋划很久了。这里，白方将自己对局面的分析判断与具体走法有效地结合起来了。

16...c×d5

在16...马×b3 17.马×e7+王h8 18.马5g6+ h×g6 19.车c3马×d4 20.车h3#之后，白方获得胜利。

17.象×d5+王h8（图5）

在进行类似的攻杀行动时，棋手应将注

意力完全聚焦在如何实现精准的计算上面。

假如黑方采取17...象×d5 18.后×d5+王h8 19.车fd1 马a6 20.车×d2的变化，白方将获得胜势。

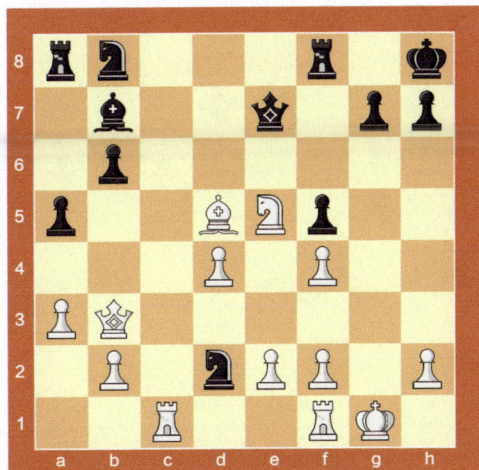

图5

白方下一步棋一定要逃后吗？如果黑方缺少对战术打击的预判，可能白方下一步棋的出现会令执黑的棋手吓一跳。

18.马g6+!（图6）

可以预见的是，棋局将在18... h×g6 19.后h3+后h4 20.后×h4#的过程中以白方的胜利告终。

白胜。

纵观全局，白方采取控制中心—攻击弱点—制造陷阱—实现突破的方式推进，通过分析棋局找到行动计划的重点，然后通过具体走法予以落实。

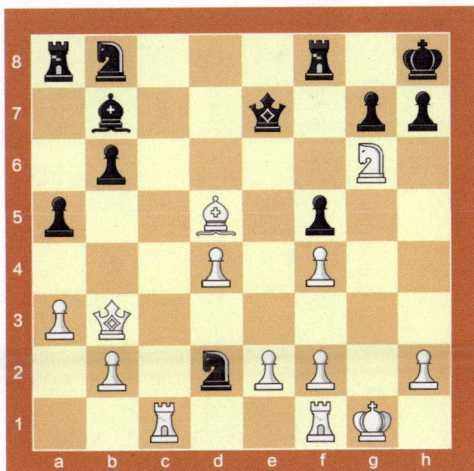

图6

要点2：切忌操之过急

很多棋手在对局中输棋的原因是计划冒进，行动操之过急，自己把胜利主动送到对方的手里。究其问题根源，就是对棋局的判断出现偏差。

1.d4 d5 2.c4 马c6 3.马f3 象g4 4.马c3 马f6 5.c×d5 马×d5 6.e4（图7）

黑方原本采取了一个防御特征比较明显的开局，这种下法的特点就是保持稳固的局面，通过防守反击来争取战斗机会。因此，在这个开局变化中，黑方允许白方挺进中心兵获取良好的空间领地。

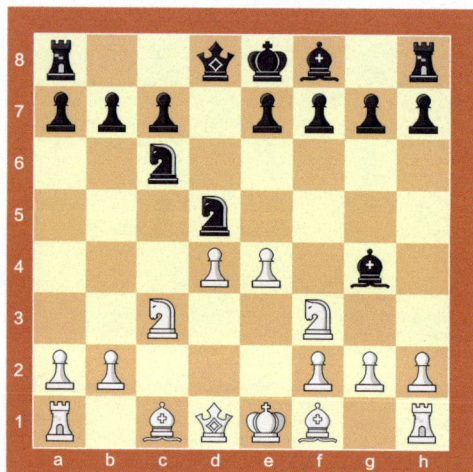

图7

6...马b6 7.d5 马e5?（图8）

这是典型的局面判断出现失误，黑方以为跳马到中心便可以积极主动地牵制白方的子力，事实证明黑方应该采取干净明了的处理方式，采取7...象×f3 8.g×f3 马a5，形成复杂的局面。

图8

黑方沉浸在用子力破坏白方中心的错误判断中，没有考虑到白方可以通过特殊弃子手段予以回击。

8.马×e5!（图9）

图9

在8.象b5+马ed7的变化中，黑方有充分的时间重新集结子力。

8...象×d1 9.象b5+! c6

在9...马d7 10.象×d7+后×d7 11.马×d7的变化中，白方获得胜势。

10.d×c6! 象a4（图10）

对局过程中，棋手要经常对棋局进行重新分析评估，在棋局转入激烈复杂的阶段时，提高计算深度就变得非常重要。

白方这步棋走得非常自信，并未急于去将军黑方的王。由此可见，白方已经计算清楚棋局后面的走法了。

11...后c7（图12）

在11...b×c6 12.象×c6+马d7 13.象×d7+后×d7 14.马×d7 王×d7之后，白方获得胜势。

图10

11.马×a4!（图11）

图11

图12

12.c×b7+王d8 13.马×f7#!

这局棋看起来是黑方犯下了严重的错误，但更深层次的问题是黑方对棋局的判断出现了重大的偏差，造成决策失误。

课后作业

1 复习本课内容，学习如何发现棋局的特点。

2 找3~5盘自己下过的棋局做例子，对你认为关键的环节进行分析判断。

3 按照训练计划完成本书的习题。

冠军课堂

　　一些接触国际象棋时间不长的爱好者经常想不明白为什么高手下棋时经常抱头苦思，明明下棋要一步一步地走，思考再多又能有什么用呢？其实，对于高水平棋手而言，下每一步棋都可能是重新判断棋局优劣、分析敌我双方的优势和不足、发现棋局形势当中需要重点关注的区域的过程，通过对众多因素的综合分析评价之后，才能得出合理的判断，进而形成决策，走出自己认为正确的着法。判断棋局形势先于走出下一步棋，学会正确分析的方法很重要。

第16课

计算力养成（四）

学习目标

1 养成走棋之前先分析局面，找准棋局重点进行思考的习惯
2 学会分析不同局面的棋局形势

知识讲解

每名棋手都有自己的思考习惯，有的喜欢在开局阶段多花时间，有的喜欢在中局激战的时候苦思冥想，还有的善于在看似平淡的残局当中制订行动计划，逐步推进。不管是哪种习惯，都需要棋手对棋局形势进行分析及合理判断，然后瞄准目标方向制订行动方案。棋局不断变化，棋手需要根据棋局不同阶段变化的特点找准分析要素，然后顺着正确的思路进行深入的思考，走出有效的着法。

♛ 要点1：明确主攻目标

对棋局进行分析时，首先要找准进攻要点，然后顺着这个思路去思考，找寻最有效的走法。

图1中轮到白方走棋。

分析过程：首先看到的是在双方子力数量上黑方占优，棋子位置方面白方积极主动。黑方的王前阵地遭到一定程度的破坏。

思考重点：白方行动的攻击重点在哪里？

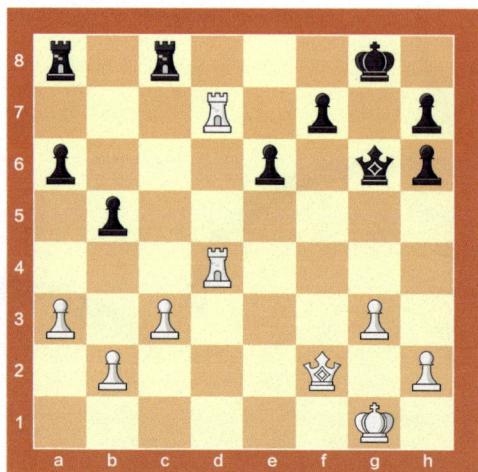

图1

分析结果：白方d7车与f2后瞄准黑

方f7兵，一旦这个兵失守，白方将攻破黑方王城。

1.车g4!

经过一番分析之后，这步棋便自然而然地进入脑海。白方通过弃车的行动将黑方的后引开可以防守f7兵的位置。

此时，如果黑方采取1...后×g4的下法，2.后×f7+（图2）将会快速实现将杀黑王的目标。

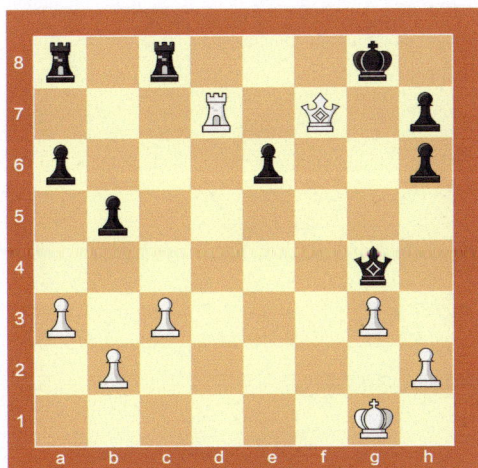

图2

找准了白方攻击的重点后就会发现1.车g4的弃车下法并不难想出。但是，假如白方没有考虑到攻击重点在f7格，谁愿意主动给对方送车呢？

黑方的阵营被白方弃车的厉害下法击碎，黑方如果不接受白方的车选择1...车f8 2.车×g6+ h×g6 3.后f6的下法，也将让白方取得明显的胜势。

要点2：合理安排走棋次序

图3中轮到白方走棋。

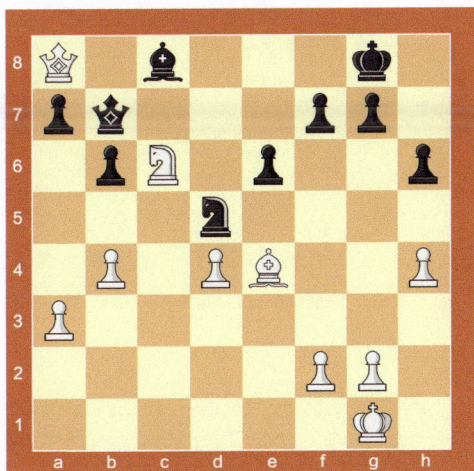

图3

分析过程：首先看到的是双方子力数量相同，白方目前处于进攻状态，黑王的活动空间受到一定限制，不过白方在王前阵地难以找到明显的攻击目标。

思考重点：白方有没有攻击重点？是不是应该接受兑后将棋局转入大致均势的残局呢？

分析结果：白马在e7有双击的机会，如果能够顺利实施将会借助将军抽吃黑方棋子。如果没有明显的进攻机会，白方只能接受兑后。

一番分析之后，当然要思考下一步棋应该走什么。首先进入脑海的是：1.象

×d5后×a8 2.马e7+王f8（图4）的变化。

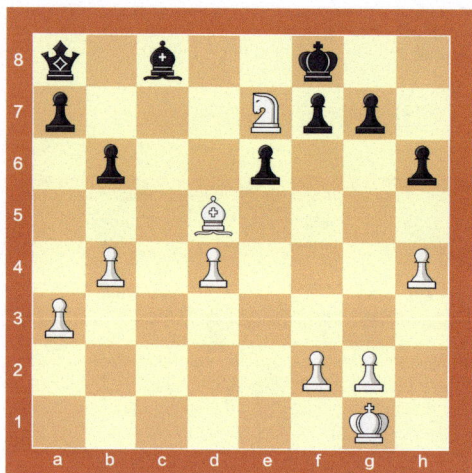

图4

图4局面的后续发展将会是3.象×a8
王×e7，双方形成大致均势的局面。

图1的局面中白方如果采取1.后×
b7象×b7 2.象×d5 e×d5 3.马×a7（图5）
的下法可以多一个兵。

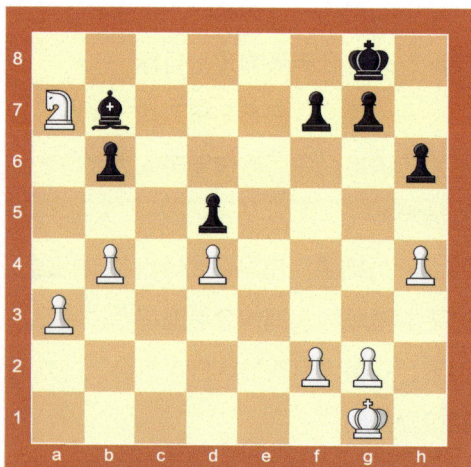

图5

白方多了一个兵，残局占优，但是走

向胜利的战斗征程仍然漫长。

白方接下来要考虑的是有没有更好的
走法？显然，如果找不到更好的办法，白
方应该选择可以获取多兵的下法。

1.马e7+!（图6）

图6

经过耐心细致的分析之后，白方直接
选择跳马的走法。

1...后×e7 2.后×c8+后f8
3.象h7+!（图7）

白方通过弃象的走法逼迫黑王放弃对
f8后的防护，白方取得胜势。

接下来再完善一下图6的局面之后黑
方走其他棋的可能性：

1...王f8 2.后×c8+后×c8 3.马×
c8，白方得子，取得胜势；

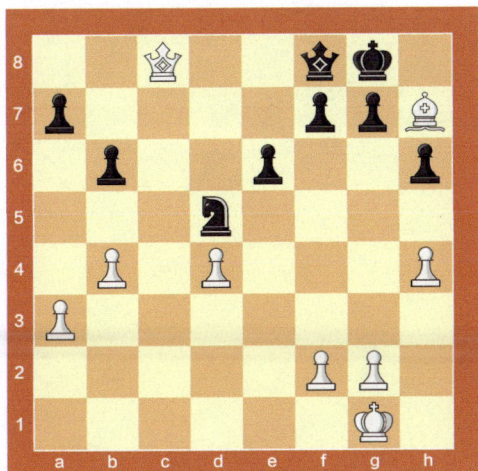
图7

1...王h8 2.象×d5 后×e7 3.后×c8+，白方得子，取得胜势。

要点3：学会让思路"转个弯"

一些棋手在进攻时总千方百计琢磨如何让自己的棋子扑向对方阵营，没有找准进攻重点，忽略了迂回作战的功效。

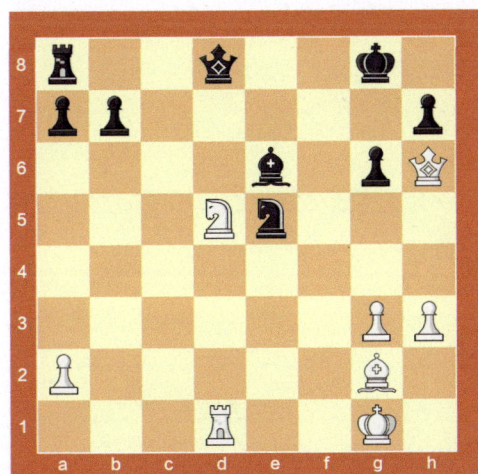
图8

图8中轮到白方走棋。

分析过程：首先看到的是黑方多一个兵，白方处于进攻状态，黑方王前阵地有些空虚，不过目前白方的棋子位置尚达不到可以直接实施攻击行动的要求。

思考重点：白方如何实现跳马将军并配合d线闪将威胁？白方的子力如何放置才能实现进攻目标？

分析结果：实现跳马将军同时保留d线闪将威胁的目标，白方需要调动一个棋子支持马完成将军。白方需要加快攻击速度，不能采取等待的策略。

1.后f4!（图9）

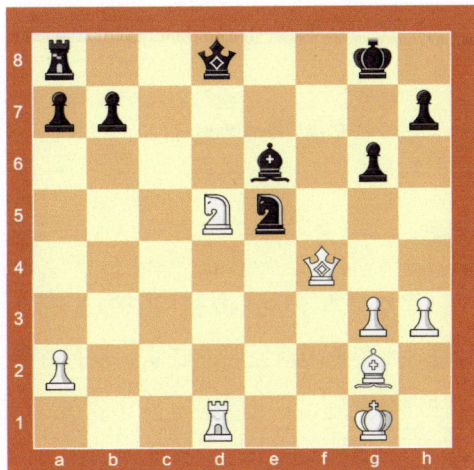
图9

本着调动子力支持跳马到f6将军的目标，白方不难发现将后调动到f4格的走法。

1...马d7

显然，1...象×d5 2.象×d5+王g7 3.后×e5+的走法将为白方带来胜势。在1...后b8 2.后f6（图10）的变化中，黑方王城的弱点也被白方牢牢抓住。

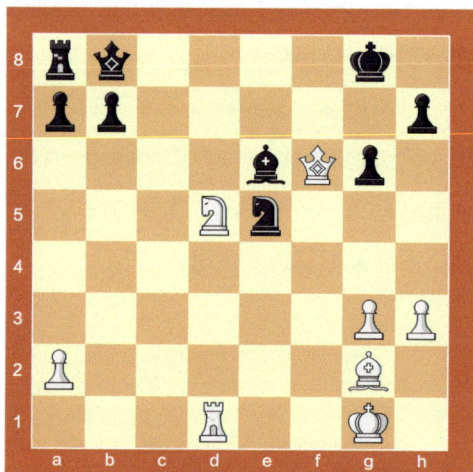

图10

黑王面临被将杀的威胁。

2.马c7（图11）

虽然黑方退马到d7格用于防守f6格，堵住d线避免闪将丢后的威胁，但是却防不住白马走到c7。白方得子，取得胜势。

在图8的局面中，白方还可以设计出沿着e线进攻的路线。

图11

1.后e3（图12）

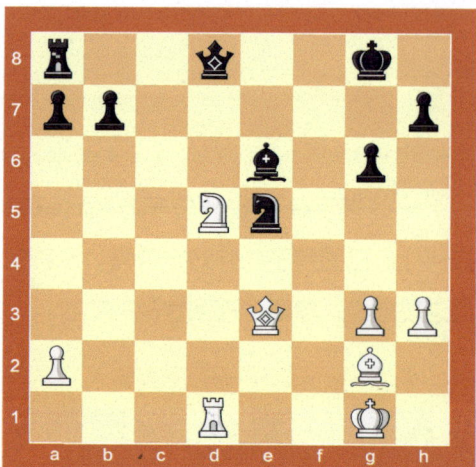

图12

黑方位于e线上的马和象成为白方的主攻目标。

1...后b8 2.车e1

白方在e线上的进攻无法被阻挡，白方获得胜势。

课后作业

1 复习本课内容，说一说自己喜欢对棋局的开局、中局、残局哪个环节进行思考。

2 找出3~5个自己棋局当中分析判断出现失误的例子，说一说是哪个步骤出现的问题。

3 按照训练计划完成本书的习题。

 冠军课堂

　　棋手不断对棋局形势进行分析判断贯穿整个棋局过程，随着棋艺水平的提高，棋手能够用更短的时间抓住棋局发展的特点和关键要素，帮助自己做出正确的决策，走出精彩的棋步。判断力的养成需要棋手不断在仿真推演中提高，并逐步成为下棋时的一种思考习惯。棋局形势平稳时分析判断的要素相对稳定，棋局处于激烈对攻时形势千变万化，棋手需要保持高度的警惕，避免漏看、漏算的问题出现。

谢军
国际象棋教程

练习册

目 录

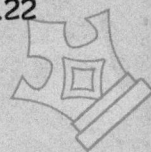

一步杀练习（计时）

5分钟5题，正确率100%，优；正确率达到80%，合格。

5分钟6~10题，正确率100%，直接进入两步杀练习。

10分钟10题，正确率100%，优；正确率达到80%，合格。

白先胜

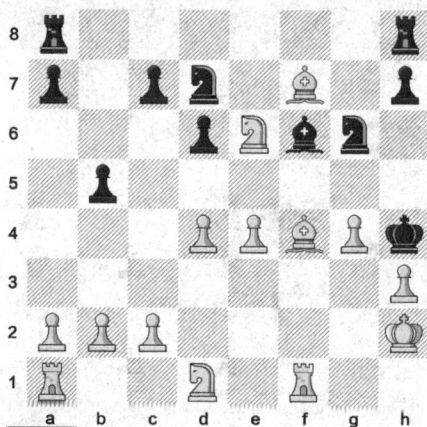

图1

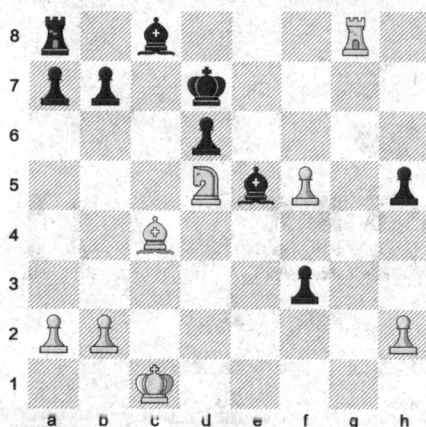

图3

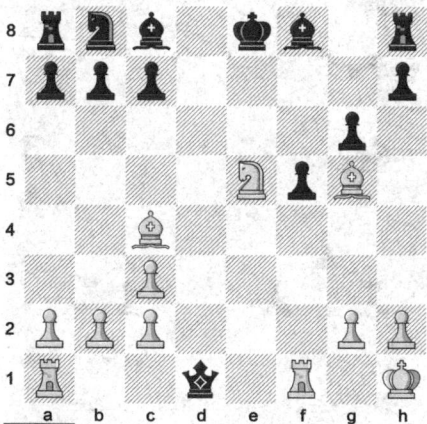

图2

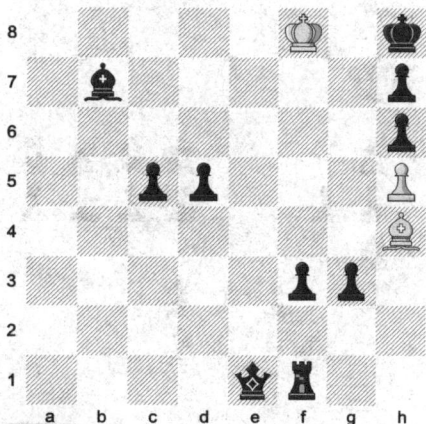

图4

白先胜

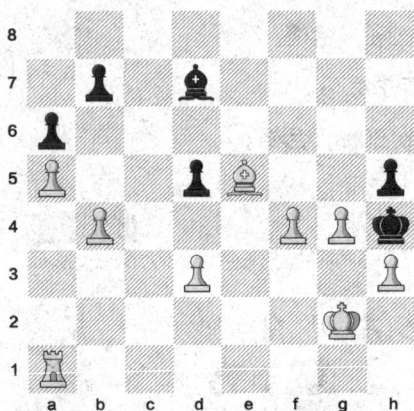

图5

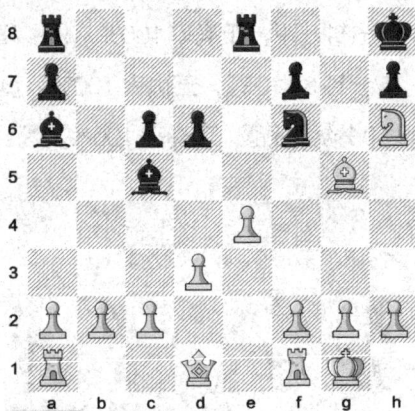

图8

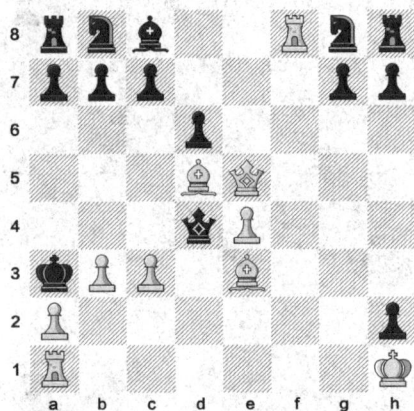

图6

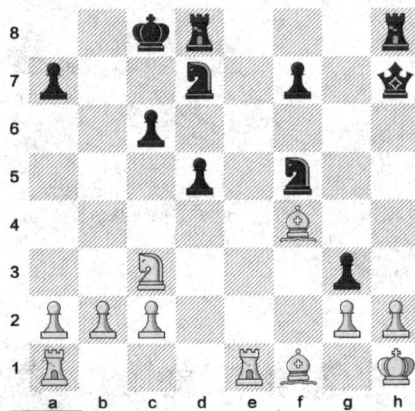

图9

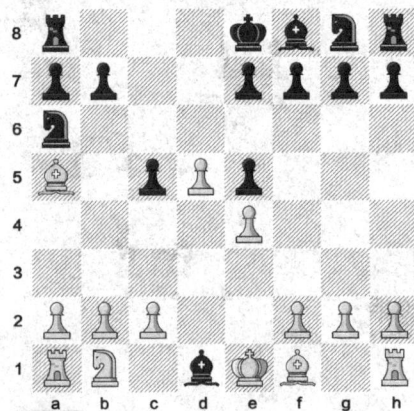

图7

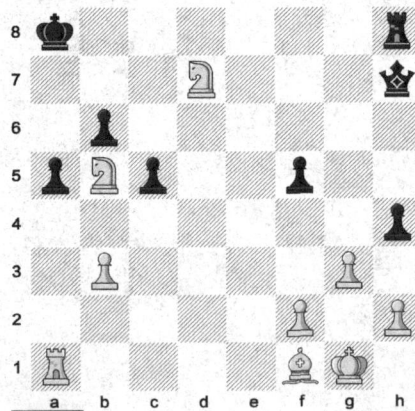

图10

白先胜

图11

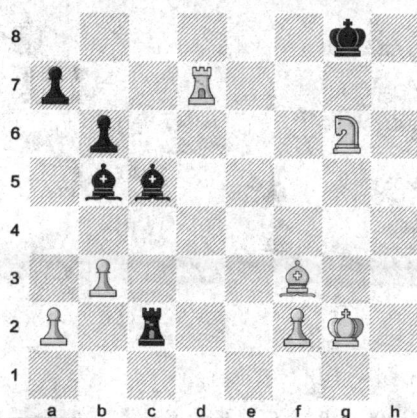

图14

图12

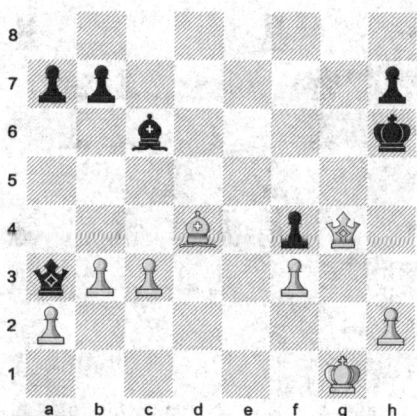

图15

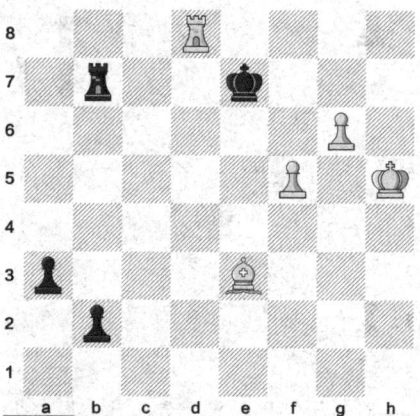

图13

黑先胜

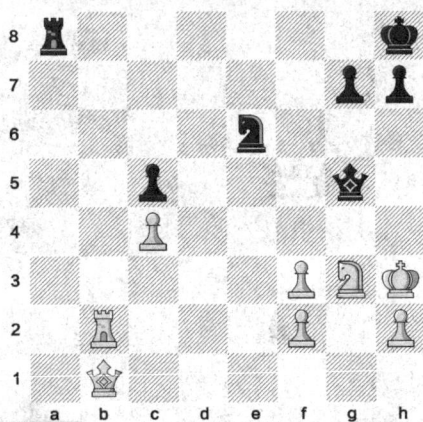

图16

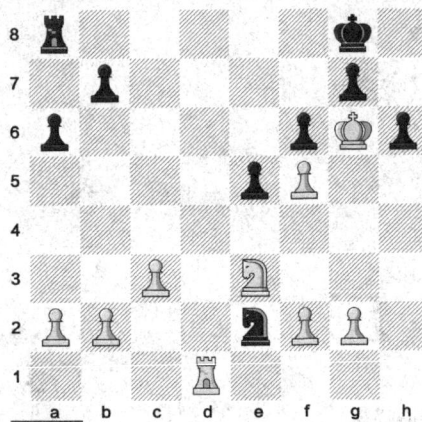

图19

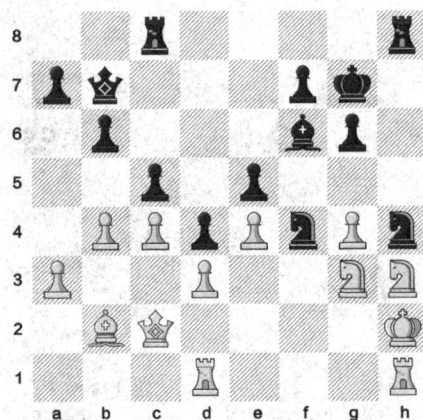

图17

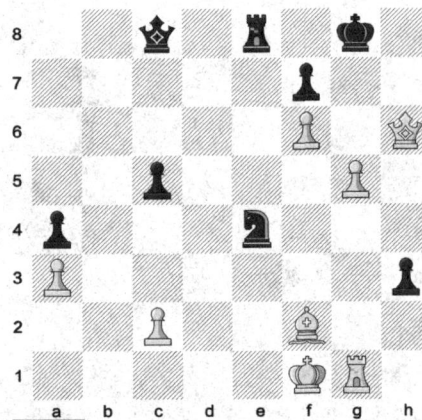

图20

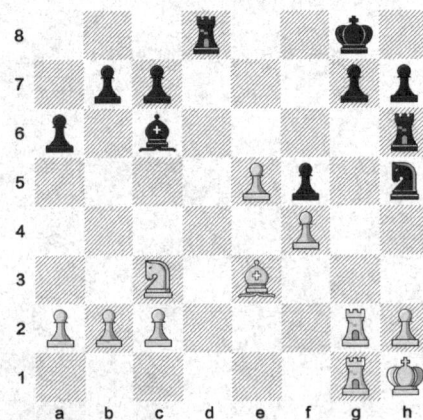

图18

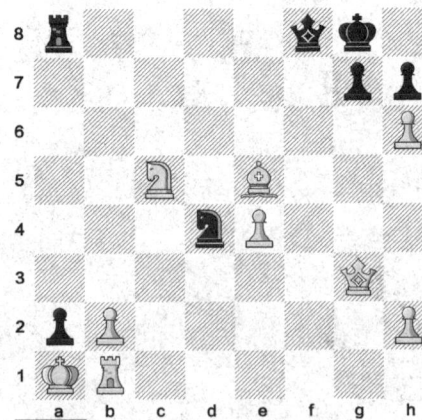

图21

黑先胜

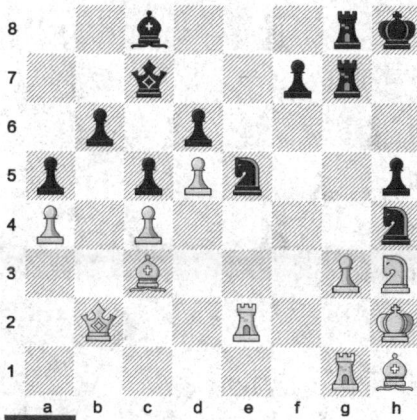

图22

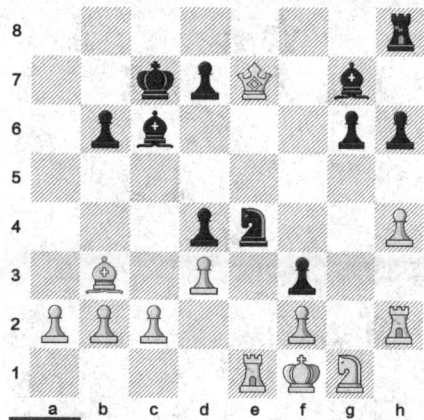

图25

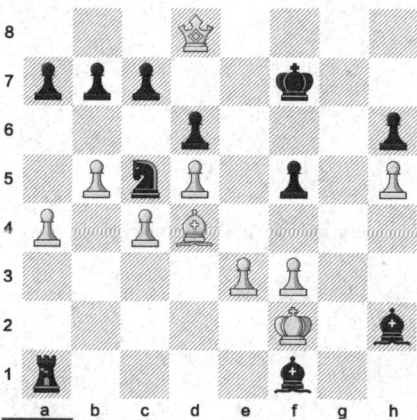

图23

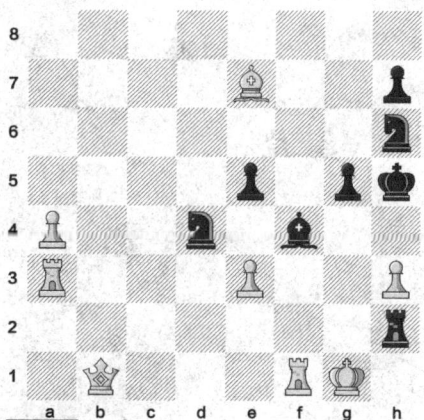

图26

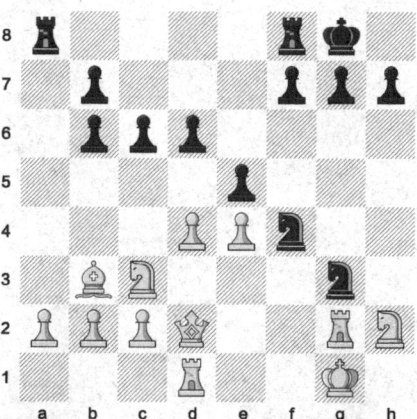

图24

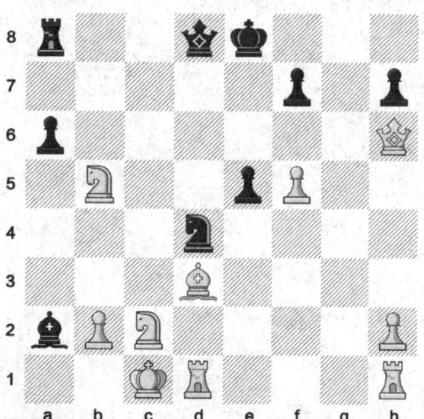

图27

黑先胜

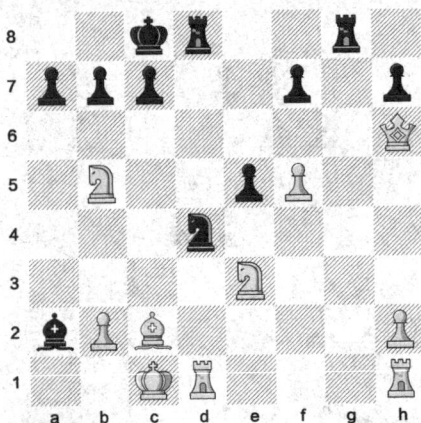

图28

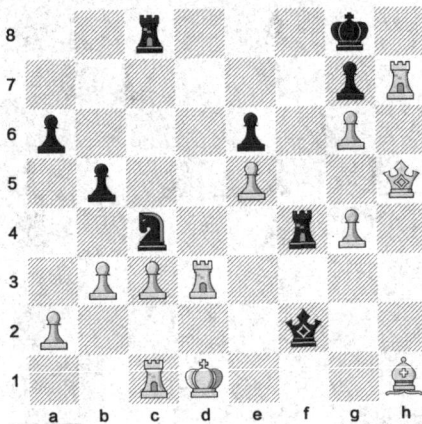

图30

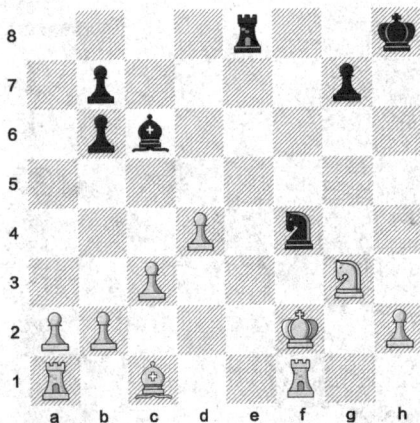

图29

两步杀练习

白先胜

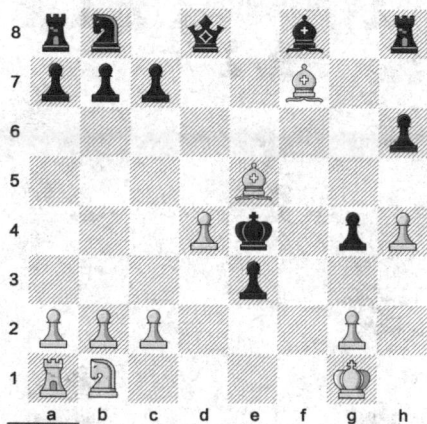

图31

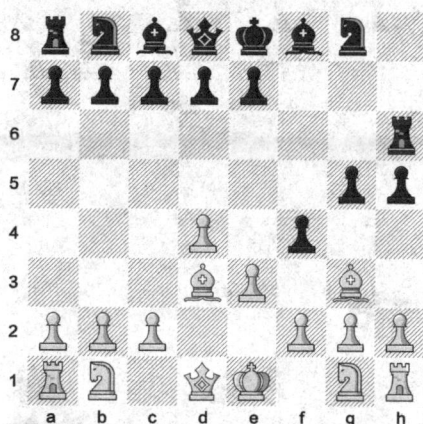

图33

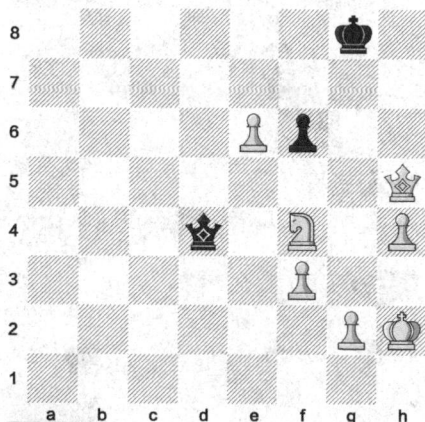

图32

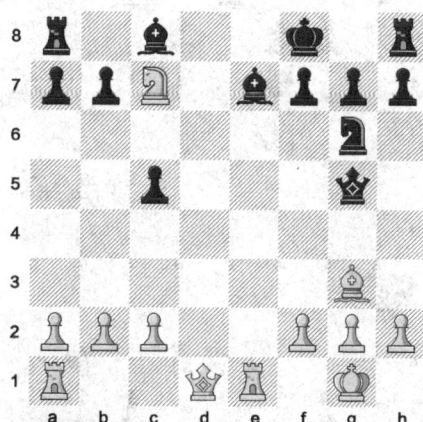

图34

白先胜

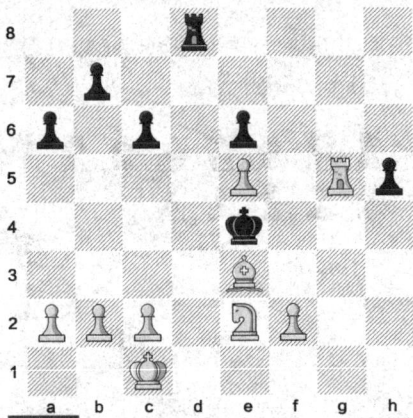

图35

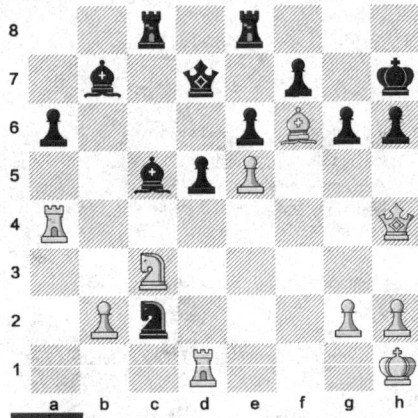

图38

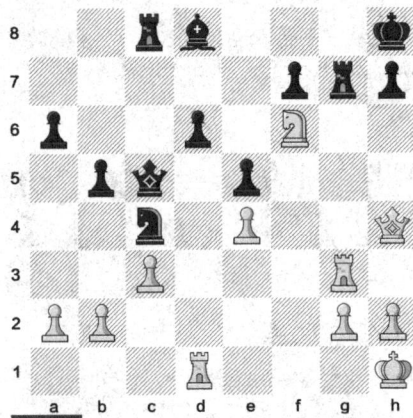

图36

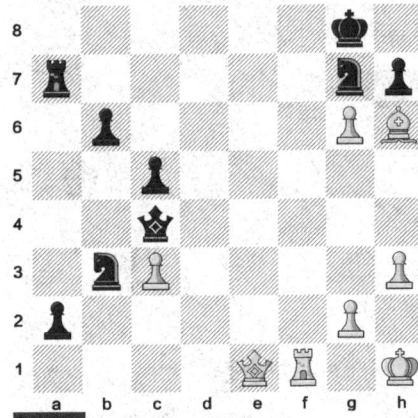

图39

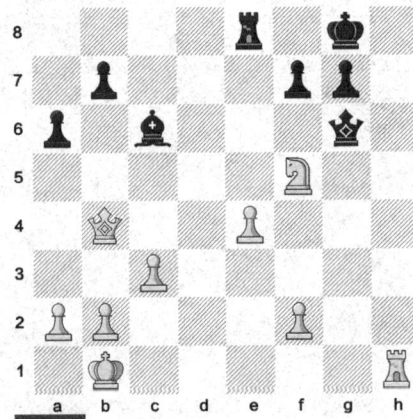

图37

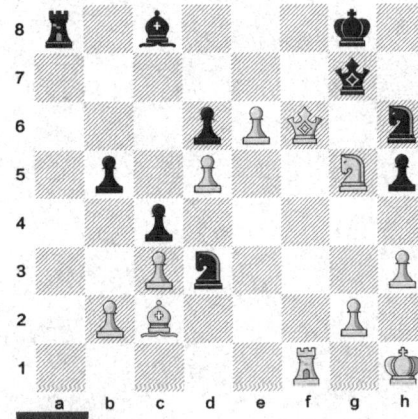

图40

白先胜

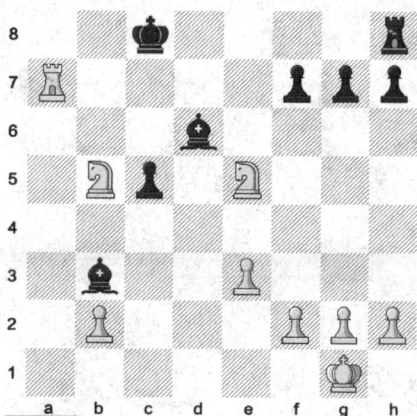

图41

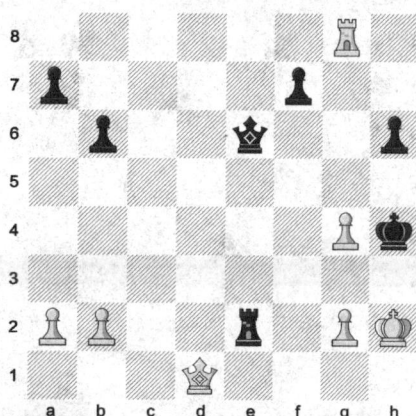

图44

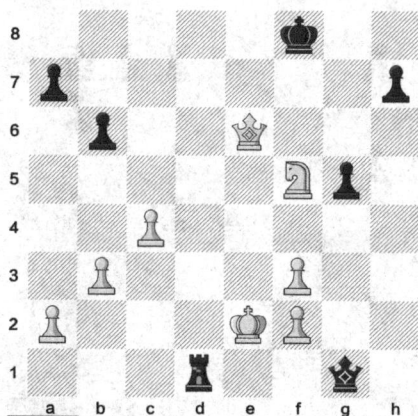

图42

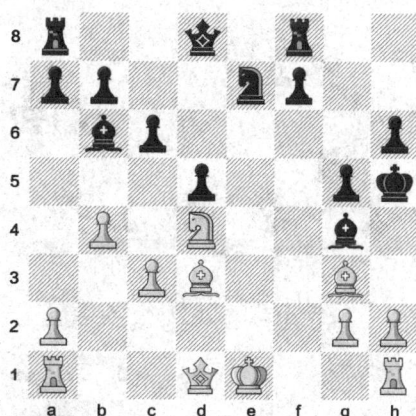

图45

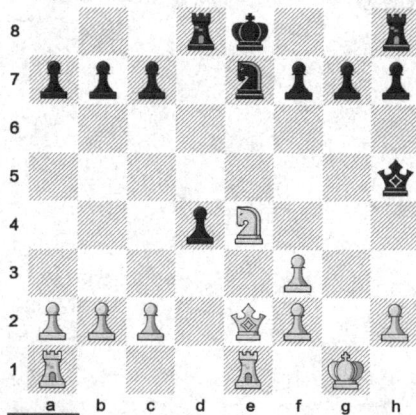

图43

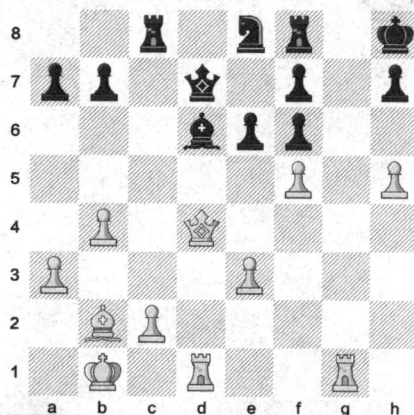

图46

白先胜

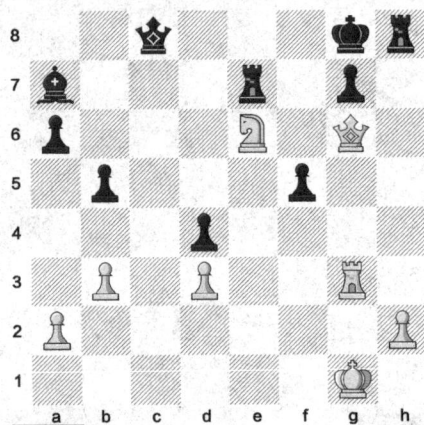

图47

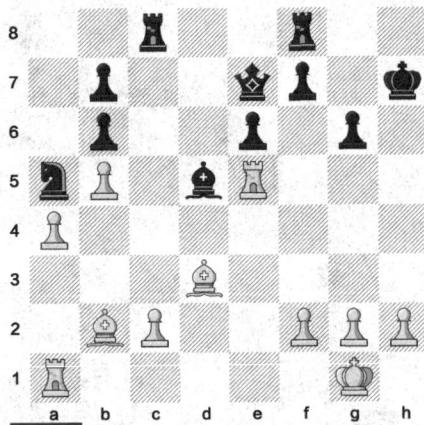

图49

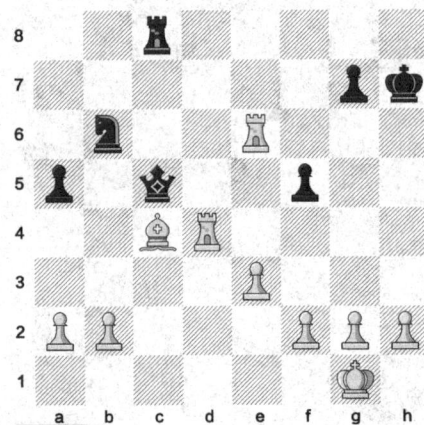

图48

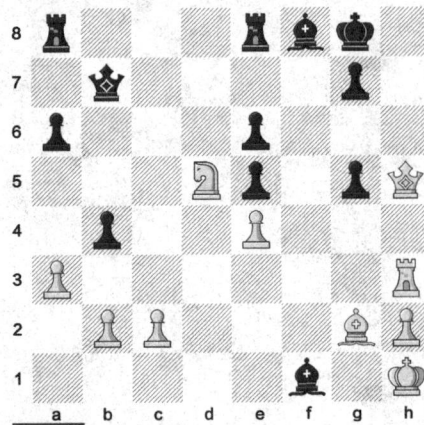

图50

战术练习

白先胜（取得胜势）

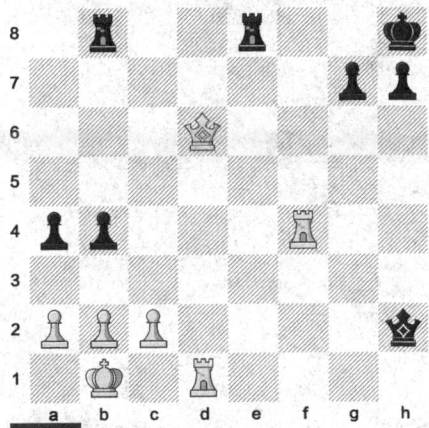

图51

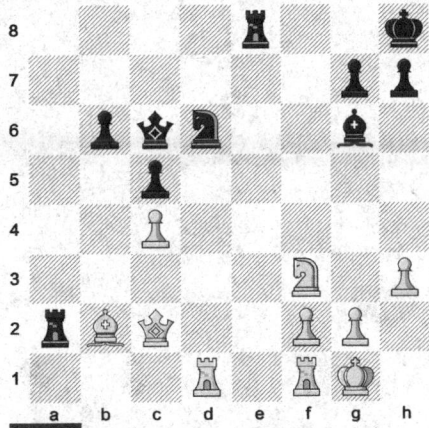

图53

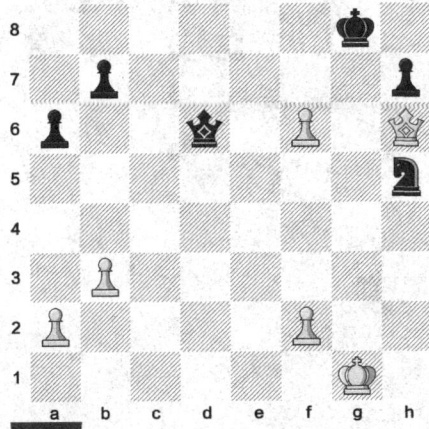

图52

图54

白先胜（取得胜势）

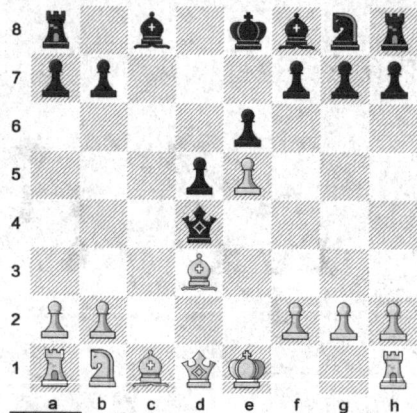

图55

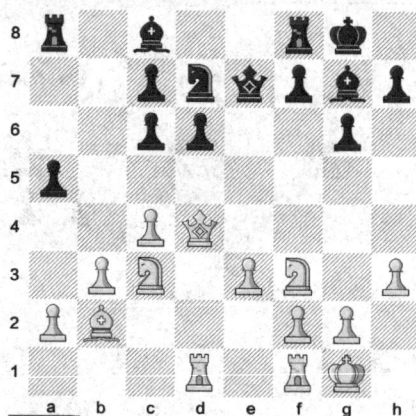

图58

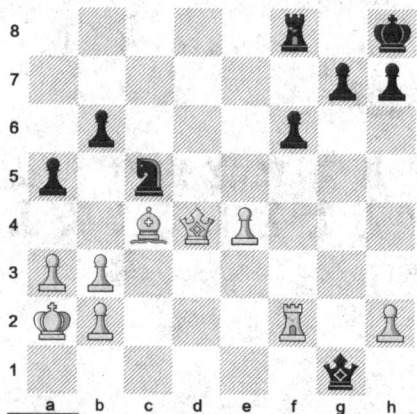

图56

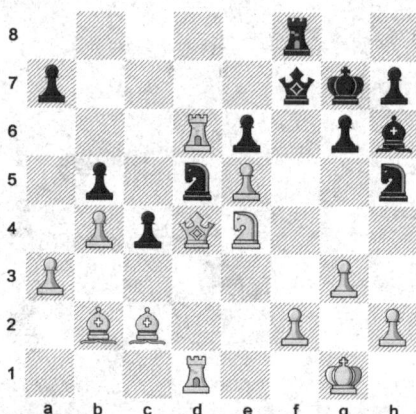

图59

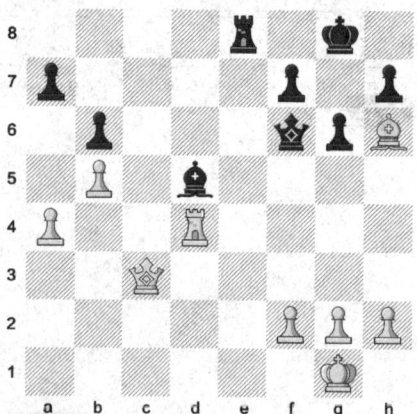

图57

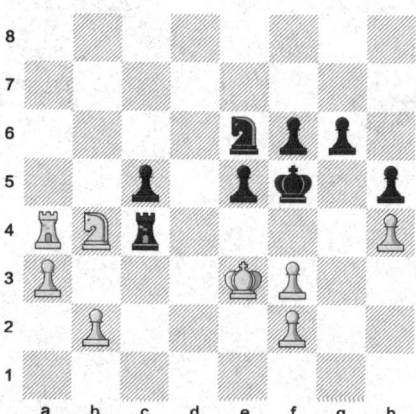

图60

白先胜（取得胜势）

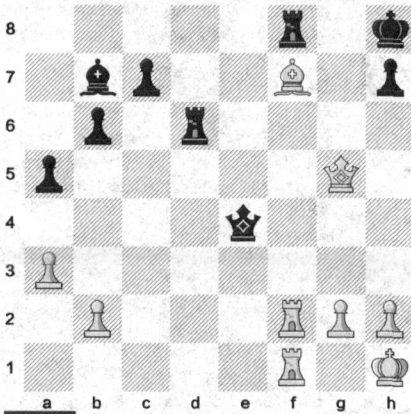

图61

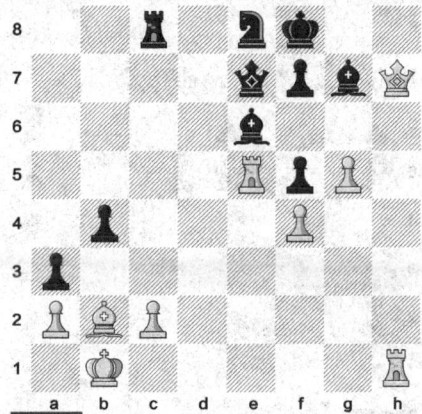

图64

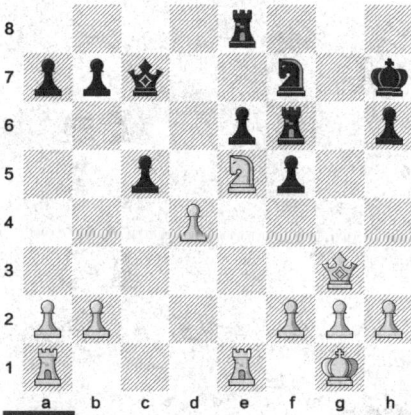

图62

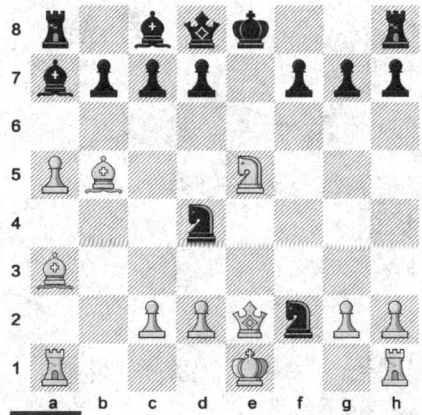

图65

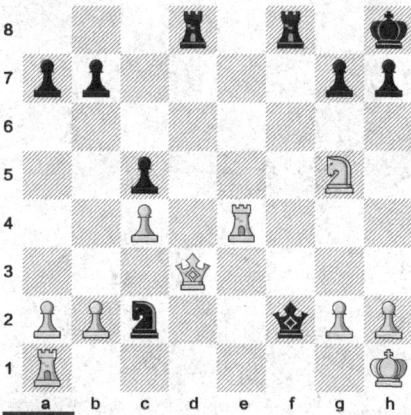

图63

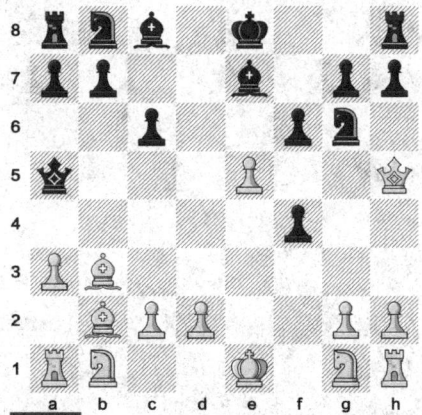

图66

白先胜（取得胜势）

图67

图70

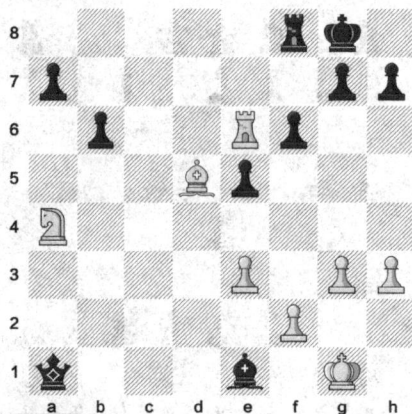

图68

图71

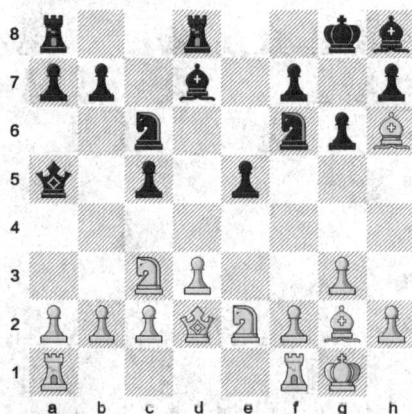

图69

图72

白先胜（取得胜势）

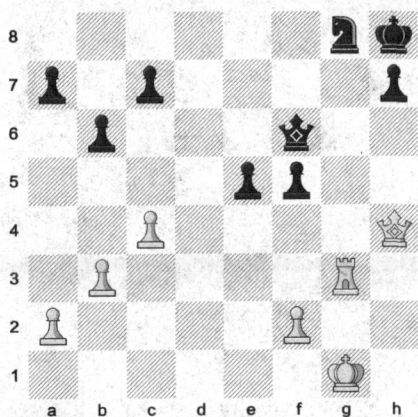

图73

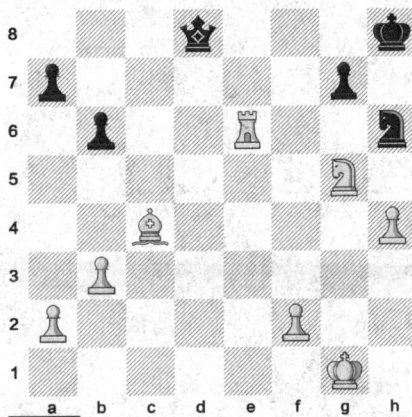

图76

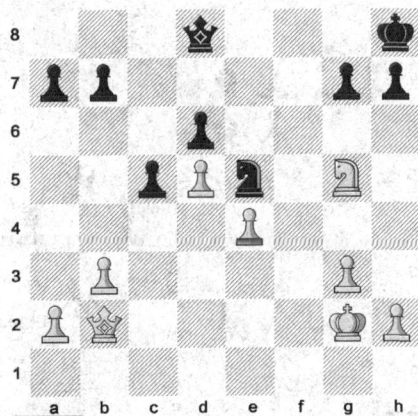

图74

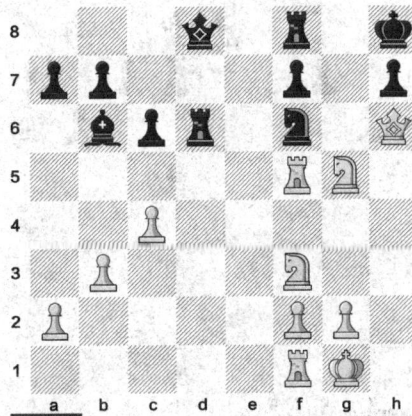

图77

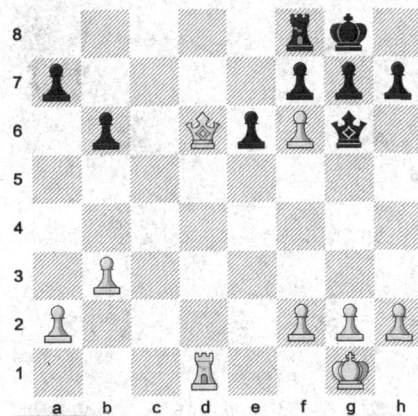

图75

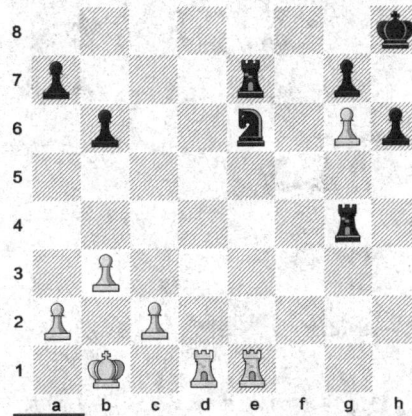

图78

白先胜（取得胜势）

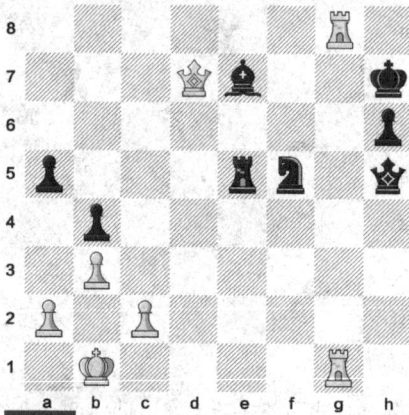

图79

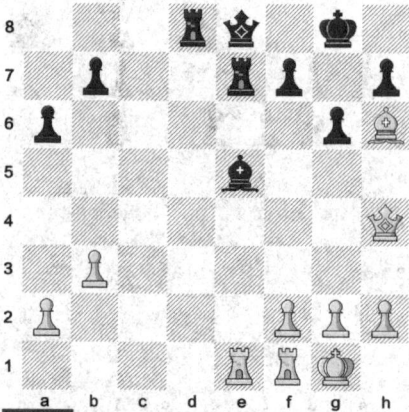

图82

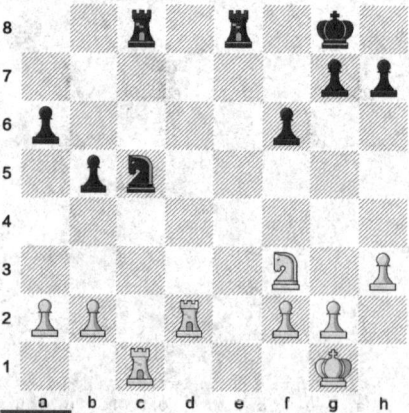

图80

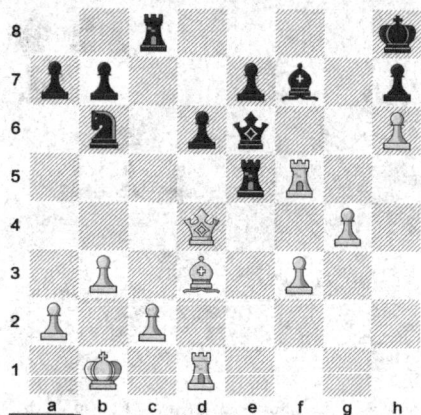

图83

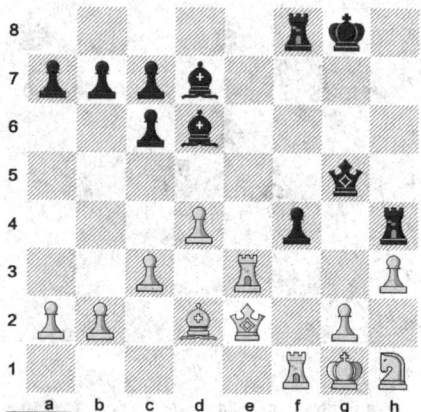

图81

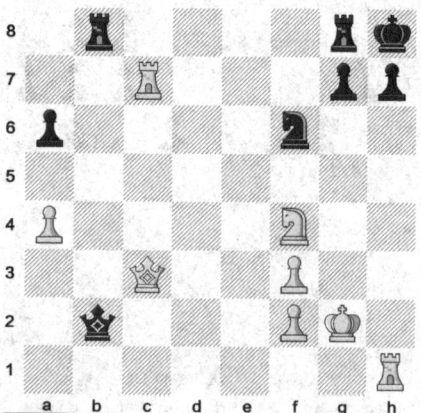

图84

白先胜（取得胜势）

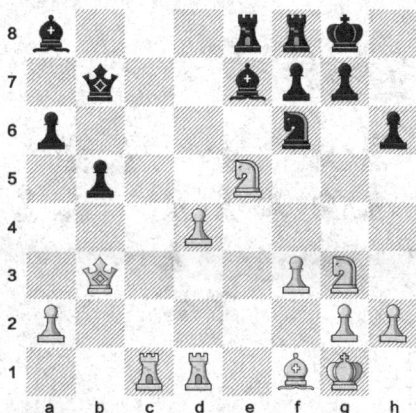

图85

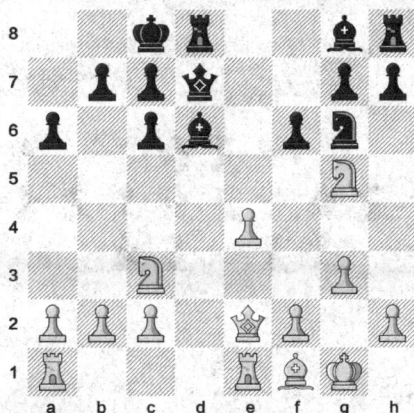

图88

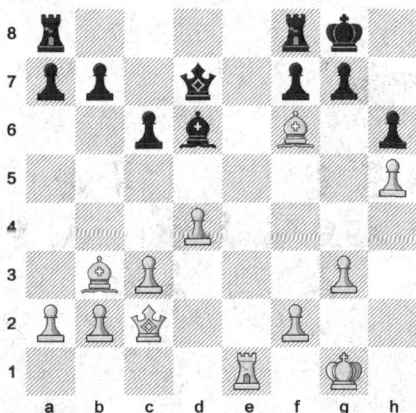

图86

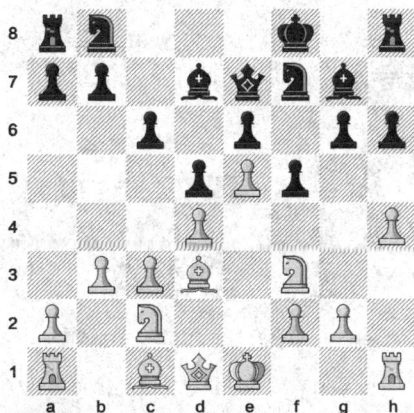

图89

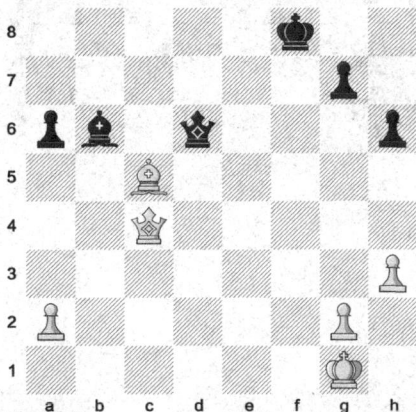

图87

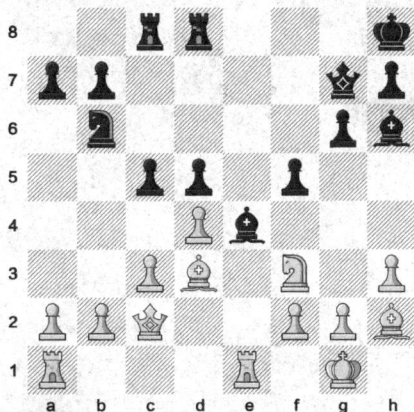

图90

计算力练习

白先胜（取得胜势）

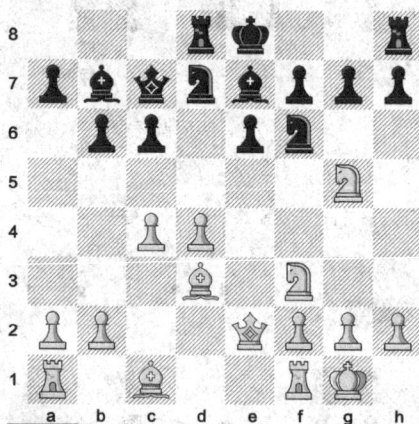

图91

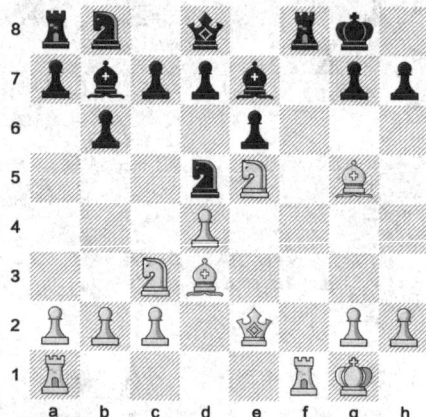

图93

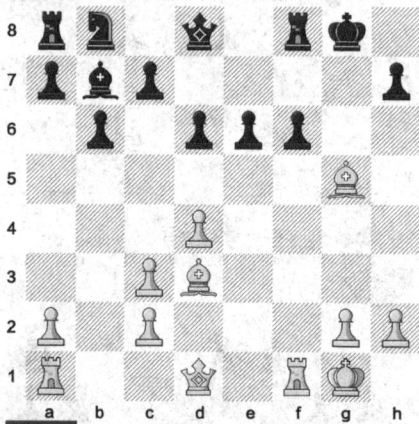

图92

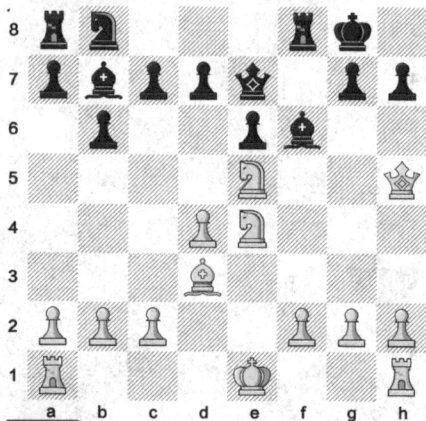

图94

白先胜（取得胜势）

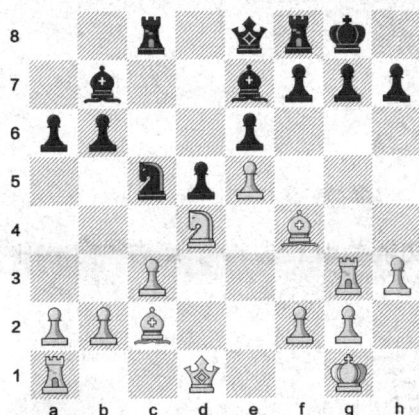

图95

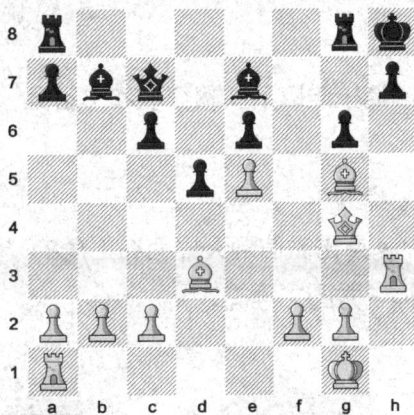

图98

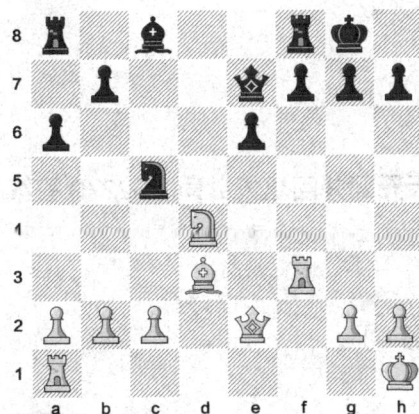

图96

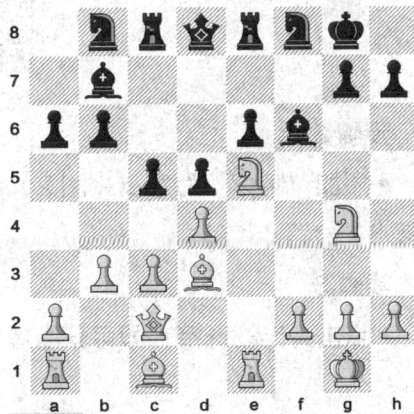

图99

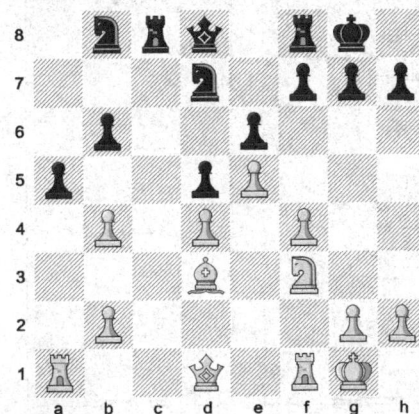

图97

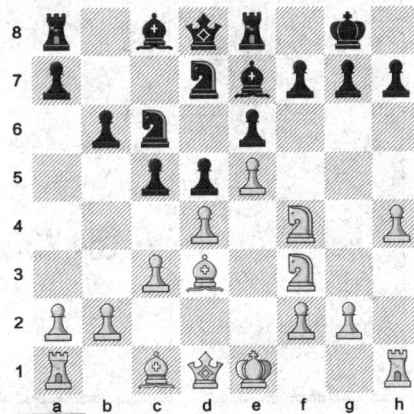

图100

答　案

请按照以下步骤获取本书答案。

步骤 1
• 点击微信聊天界面右上角的"+"，弹出功能菜单（图 1）。点击"扫一扫"，扫描下方的二维码。

步骤 2
• 添加"阿育"为好友（图 2），进入聊天界面并回复关键词【62279 答案】（图 3），等待片刻。

步骤 3
• 点击弹出的链接，即可获取本书答案（图 4）。

图 1

图 2

图 3

图 4